Magritte

La trahison des images

L'exposition | The Exhibition

Centre Pompidou

Introduction

Un lien existe entre les philosophes et les artistes : ils défendent la cause de l'esprit[1].

La critique a voulu ranger Magritte du côté du surréalisme. Un surréaliste pourtant singulier qui avait délibérément évité le monde de l'inconscient, s'était soigneusement dérobé à l'automatisme, ne croyait ni au rêve ni à la psychanalyse, dénigrait le hasard et plaçait l'esprit et la logique à mille lieues au-dessus de l'imagination.

L'aventure proprement surréaliste de René Magritte commence en 1923 avec la découverte du *Chant d'amour* de Giorgio De Chirico. L'association poétique d'un buste de plâtre et d'un gant le bouleverse profondément. S'il estimait jusque-là que l'art de peindre revenait à illustrer une pensée en images, ce choc esthétique lui montre qu'il est désormais possible de « penser en images », de faire d'un tableau l'équivalent exact d'un raisonnement, d'une idée. En 1927, il quitte Bruxelles pour se rapprocher du groupe d'André Breton, l'un des premiers à avoir reconnu le génie de De Chirico, et emménage près de Paris, au Perreux-sur-Marne.
Un an seulement après son installation, des différends tant esthétiques que personnels opposent Magritte au chef de file du mouvement. Dès 1929, le couple regagne la Belgique. Alors qu'il avait rejoint Paris avec l'espoir de trouver chez les surréalistes une reconnaissance, Magritte, pendant plus de deux ans, avait été écarté des expositions et des publications du groupe. Animé par des poètes – André Breton, Paul Eluard, Philippe Soupault, Louis Aragon –, le cénacle ne laisse encore que peu de place aux peintres pour s'exprimer.
Par ailleurs, Magritte ne s'est jamais accommodé du caractère démiurgique et bohème que les surréalistes, Dalí le premier, prêtent volontiers à la figure de l'artiste. À ce lyrisme, il préfère la banalité de l'homme du commun et cultive son apparence de petit-bourgeois ; pour peindre, il choisit le confort de son appartement bruxellois plutôt qu'un atelier.

Magritte avait pourtant compris que le surréalisme empruntait la bonne direction en s'inquiétant de ce qu'il fallait peindre plutôt que de la manière de le faire : « Je ne suis vraiment sensible aux idées que lorsque des idées sont en question (par exemple chez Platon)[2]. »
Pourtant, la voie choisie par les surréalistes français, celle du domaine de la psyché, ne lui semble pas la plus juste pour parvenir à une peinture purement mentale.
La volonté de défendre la dignité intellectuelle de son art, de proposer une peinture réfléchie plutôt qu'assujettie à l'inconscient, trouve un terreau favorable dans la spécificité du groupe belge. Créé en 1926 par le scientifique et poète Paul Nougé et rassemblant Marcel Lecomte, Camille Goemans, E. L. T. Mesens, René Magritte et André Souris, le groupe des surréalistes belges défend une pensée dialectique et réfléchie qui le conduit à condamner l'automatisme psychique dont se réclame Breton. Dès 1932, la remise en question brutale de cette esthétique des associations fortuites ouvre un nouveau chapitre de l'œuvre de Magritte. Rêvant d'un œuf associé à une cage (*Les Affinités électives*, repr. p. 8), Magritte comprend que cette nouvelle direction est plus juste. Dès lors, les rapprochements ne seront plus hasardeux mais, avec la rigueur d'équations mathématiques, construits selon de stricts principes dialectiques. Rivalisant avec les poètes, Magritte se joue des expressions métaphoriques, du langage, et cherche par des associations éloquentes à faire surgir des images poétiques.

Après avoir affronté les poètes, encouragé par Nougé, qui participe à affiner son esprit dialectique, Magritte se risque à mesurer son art auprès des philosophes : « Il fallait que je découvre "moi-même" que la pensée, c'est la seule lumière[3]. »
Dès 1936, Magritte se dépeint en philosophe (*La Lampe philosophique*, repr. p. 3), comme s'il s'agissait de donner une assise à son ambition d'affirmer l'égalité entre les mots et la peinture. Poursuivant ses digressions autour de l'avatar de la pipe, Magritte se représente en philosophe à la lumière d'une bougie, dans la lignée d'un *Philosophe à la lumière d'une lampe* (Joseph Wright of Derby, 1769) ou d'un *Diogène de Sinope* (Jean-Léon Gérôme, 1860). Quoiqu'il se dépeigne ironiquement affublé d'un nez trempant dans sa pipe, la cause est entendue : se ranger du côté d'une peinture de l'idée, de la *cosa mentale*.
L'opportunité d'exprimer ses velléités intellectuelles se présente en 1952, lorsque Magritte suit les leçons philosophiques données par Alphonse De Waehlens, traducteur d'Heidegger et professeur à l'Université libre de Louvain. Le peintre se lance alors dans la lecture de l'ouvrage publié par celui-ci l'année précédente, *Phénoménologie et vérité. Essai sur l'évolution de l'idée de vérité chez Husserl et Heidegger*, et engage avec lui une correspondance nourrie. On sait que Magritte a lu Platon, qu'il connaît Kant, Bergson, Nietzsche et Hegel. Sur les conseils de De Waehlens, il ajoute à ses lectures les ouvrages du phénoménologue Maurice Merleau-Ponty.

1. René Magritte, Lettre à Alphonse De Waelhens, 5 février 1954.
2. Id., Lettre à André Bosmans, 11 mai 1959.
3. Id., Lettre à A. De Waelhens, 10 avril 1954.
4. Id., Lettre à A. De Waelhens, 22 février 1967.
5. A. De Waelhens, Lettre à R. Magritte, 3 mars 1967.
6. R. Magritte, Lettre à A. De Waelhens, 28 avril 1962.

« Les méditations du philosophe maniaque et distrait peuvent faire songer à un monde mental fermé sur lui-même, comme ici un fumeur est le prisonnier de sa pipe. »

"The meditations of an obsessive, absent-minded philosopher may conjure up a mental world that has closed in on itself, just as here a smoker is the prisoner of his pipe."

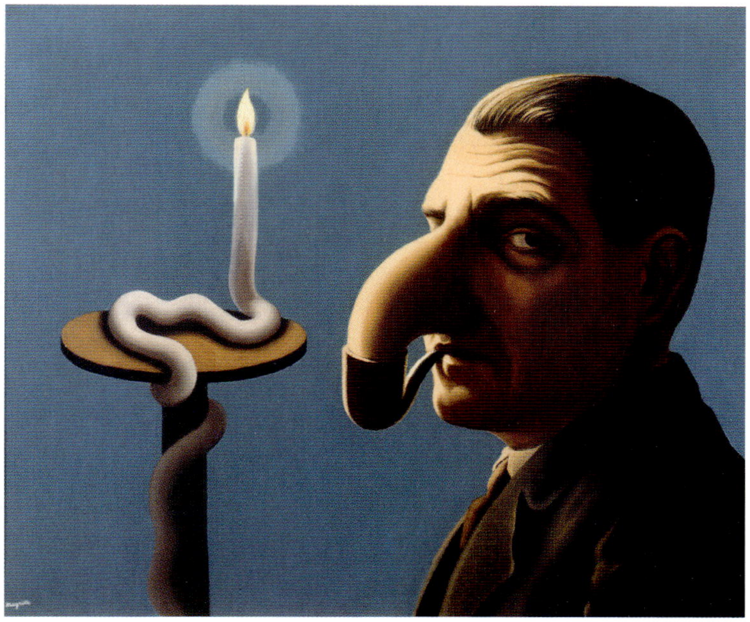

La Lampe philosophique
[The Philosopher's Lamp], 1936
Huile sur toile, 46 × 55 cm
Collection particulière

Dix ans plus tard, une nouvelle correspondance s'engage avec Chaïm Perelman, professeur de logique et fondateur de la Nouvelle Rhétorique, venu chez lui pour acquérir une toile.
S'ensuivent d'autres correspondances avec Jean Wahl et Vladimir Jankélévitch.
Magritte recherche patiemment l'assentiment de chacun d'eux. Ces échanges lui permettent de démontrer qu'un peintre, à l'instar d'un poète ou d'un penseur, peut raisonner et argumenter.
Ses constats et ses réflexions, simples, logiques, désarçonnent parfois ses interlocuteurs :

Cher Monsieur Alphonse de Waehlens,
Dans une courte préface que j'écris pour une exposition, je dois définir l'invisible et je n'y arrive pas. Je me permets de vous demander de m'aider.
Je n'ai trouvé que des « idées » de l'invisible, très peu précises.
Mais je sais ce qui est invisible : par exemple, sont invisibles la nuit et le jour, la douleur et le plaisir, la connaissance et l'ignorance [...][4].

Cher Monsieur,
Le problème n'est pas facile. [...] l'invisible est ce qui ne peut être éclairé par la lumière. Je ne trouve rien de meilleur. Je m'excuse de ne pouvoir vous être plus utile. Il n'y a certainement pas de réponse logique à votre question[5].

S'il se risque à affronter les philosophes sur leur propre terrain, Magritte est particulièrement sévère avec les penseurs qui s'aventurent à écrire sur la peinture :

Le discours très brillant de Merleau-Ponty est fort agréable à lire, mais il ne fait guère songer à la peinture – dont il paraît traiter cependant. Je dois même dire que lorsque cela arrive, il parle de peinture comme si l'on parlait d'une œuvre philosophique en s'inquiétant du porte-plume et du papier qui ont servis à l'écrivain. Descartes, lui-même, [...] voit mal le dessin[6].

Nourri de ces lectures et de ces échanges, Magritte caresse le rêve de publier régulièrement des enquêtes philosophiques dans la revue qu'il fonde et dirige à partir de 1952, *La Carte d'après nature,* et d'y voir collaborer les plus éminents penseurs, comme Heidegger. À la même période, il multiplie les essais théoriques ; si ceux-ci n'ont pas l'ambition d'expliquer sa peinture, ce que Magritte s'est toujours refusé à faire, ils cherchent à démontrer aux philosophes, aux poètes et à tous ceux qui veulent l'entendre ce qu'est « le véritable art de peindre ». En 1966, Michel Foucault offre enfin à Magritte la reconnaissance tant attendue. Magritte lit *Les Mots et les Choses* dès sa parution, sans doute attiré par ce titre qui évoque si clairement ses propres préoccupations, et écrit au philosophe une missive accompagnée d'une reproduction de *La Trahison des images*.

La dénonciation de la trahison des images par Magritte ne peut que rappeler les remises en cause philosophiques de la représentation et du statut des images qui ponctuent l'histoire de l'art occidental. La dialectique des mots et des images s'ancre dans le récit biblique, celui de la condamnation par Moïse des idoles dont l'adoration détourne du texte de la Loi. Les ombres et les silhouettes qui masquent la vérité sont celles que Pline imagine être à l'origine de la peinture dans le récit de la fille du potier de Corinthe. À plusieurs reprises, Magritte fait de la caverne de Platon le décor privilégié de sa mise en cause du caractère mensonger des images. De même, il développe le motif du rideau au moment où sa peinture atteint un réalisme qui confine au trompe-l'œil, écho à la joute antique entre Zeuxis et Parrhasios. Enfin, le démantèlement qu'il impose aux corps féminins ne peut que rappeler le récit de Zeuxis à Crotone.

Foreword

Philosophers and artists are united by a common cause: the defence of the mind. [1]

The critics were determined to attach a Surrealist label to Magritte. A curious Surrealist, it would seem, who deliberately avoided the world of the subconscious, carefully sidestepped automatism, believed in neither dreams nor psychoanalysis, denigrated chance and considered the mind and logic as infinitely superior to imagination.

René Magritte's truly Surrealist journey began in 1923, when he discovered Giorgio de Chirico's *The Song of Love*. This poetic juxtaposition of a plaster bust and a glove shook him to the core. Until then, he had believed that the art of painting could be resumed as illustrating a thought by means of images. This aesthetic revelation, however, showed that it was now actually possible to "think through images" and make a canvas the exact equivalent of an analysis or idea. In 1927, he left Brussels to be nearer to the group led by André Breton, one of the first to have recognised the genius of De Chirico, and settled just outside Paris in Perreux-sur-Marne. Only one year later, however, aesthetic and personal disagreements led to a conflict between Magritte and the leader of the movement. As a result, the couple returned to Belgium in 1929. Having hoped to find recognition among the Surrealists on his move to Paris, he actually spent two years alienated from both their exhibitions and their publications. At that time the inner circle, run by poets such as André Breton, Paul Eluard, Philippe Soupault and Louis Aragon, still allowed little room for painters. Magritte was also unable to come to terms with the demiurgic and bohemian persona that the Surrealists, and not least Dalí, ascribed to the artist. He preferred the banality of the common man to such lyrical outpourings and honed his petit-bourgeois profile, choosing to work in the comfort of his Brussels apartment rather than in the artist's studio.

Magritte nevertheless realised that Surrealism was pointing in the right direction by concentrating on what should be painted rather than how painting should be done: "I'm really only receptive to ideas when ideas are called into question (as in Plato for instance)." [2]
The path chosen by the French Surrealists, the psyche, did not however appear to him to be the most judicious way of achieving a purely mental form of painting.
The wish to defend the intellectual dignity of his art, to make his painting a result of reflection rather than an offshoot of the subconscious, did however find a breeding-ground in its Belgian counterpart. Launched in 1926 by scientist and poet Paul Nougé and made up of Marcel Lecomte, Camille Goemans, E. L. T. Mesens, André Souris and Magritte himself, the specificity of the Belgian Surrealists was to uphold a form of dialectical, analytical thinking that led to its condemnation of the psychic automatism practised by Breton.
In 1932, this radical challenge to the aesthetic of fortuitous associations heralded a new chapter in Magritte's oeuvre. Following a dream in which an egg was associated with a cage (*Elective Affinities*, repr. p. 8), he realised that this was the most sensible way forward. From then on, affinities were no longer attributed to chance but constructed with the rigor of mathematical equations, in accordance with strict dialectical principles. Vying with the poets, Magritte played with metaphorical expressions and language, and sought to trigger poetic images by means of eloquent associations.
Once he had tackled the poets, with the encouragement of Nougé, who helped hone his dialectical spirit, Magritte was emboldened to measure up his art to the philosophers: "I needed to discover 'for myself' that thought was the only light." [3]
Back in 1936 Magritte had already depicted himself as a philosopher (*The Philosopher's Lamp*, repr. p. 3), almost as though he needed to give form to his determination to equate words with paintings. In line with his digressions on the avatar of the pipe, Magritte is represented as a candlelit philosopher, in the mould of *A Philosopher Giving a Lecture on the Orrery* (Joseph Wright of Derby, 1769) or *Diogenes of Sinope* (Jean-Léon Gérôme, 1860). Despite the irony of this self-portrait, with its nose dipping into the pipe, the subtext is clear: to present an art of ideas, of the *cosa mentale*.
The opportunity to flex his intellectual muscles came in 1952, when Magritte attended the philosophical lectures delivered by Alphonse De Waehlens, a translator of Heidegger and a professor at the Free University of Louvain. Enthused by the book written by De Waehlens the previous year, *Phénoménologie et vérité. Essai sur l'évolution de l'idée de vérité chez Husserl et Heidegger* [Phenomenology and Truth. An Essay on the Evolution of the Idea of Truth in Husserl and Heidegger] Magritte launched into a prolific correspondence with him. It is known that Magritte read Plato and was familiar with Kant, Bergson, Nietzsche and Hegel. On the advice of De Waehlens, he also added the works of phenomenologist Maurice Merleau-Ponty to his reading-list.
Ten years later, a new correspondence began, this time with Chaïm Perelman, professor of logic and founder of the New Rhetoric,

1. René Magritte, Letter to Alphonse De Waelhens, 5 February 1954.
2. Id., Letter to André Bosmans, 11 May 1959.
3. Id., Letter to A. De Waelhens, 10 April 1954.
4. Id., Letter to A. De Waelhens, 22 February 1967.
5. A. De Waelhens, Letter to R. Magritte, 3 March 1967.
6. R. Magritte, Letter to A. De Waelhens, 28 April 1962.

whom he met when he came to buy one of his canvases.
Other epistolary exchanges followed, with Jean Wahl and Vladimir Jankélévitch. Magritte painstakingly sought each one's approval. These exchanges enabled him to show that a painter, just like a poet or a thinker, was capable of reason and argument.
The simple, logical nature of his observations and conclusions could sometimes be disconcerting to the recipients:

Dear Mr. Alphonse De Waehlens,
I am currently writing a brief preface to an exhibition, in which I am trying unsuccessfully to define the invisible. May I take the liberty of asking for your help?
All I have found so far are 'ideas' of the invisible, which are not sufficiently precise. But I know what is invisible: night and day, for instance, are invisible, as are pain and pleasure, knowledge and ignorance [...]. [4]

Dear Sir,
The problem is far from straightforward. [...] *the invisible is what cannot be illumined by light. That is the best I can do. I apologise for not being more helpful. I fear there is no logical answer to your question.* [5]

Although Magritte had no qualms in confronting the philosophers on their own territory, he was highly disdainful of the latters' incursions into the realm of painting:

Merleau-Ponty's utterly brilliant discourse is a great pleasure to read, but it does not conjure up painting in the least – although this would appear to be the subject. I will go even further by saying that when it does come up, he talks of painting rather as one might refer to a philosophical treatise by concentrating on the pen and paper used by the writer. Even Descartes [...] *finds it difficult to grasp the drawing.* [6]

Encouraged by these readings and exchanges, Magritte cherished the idea of publishing regular philosophical investigations in *La Carte d'après nature* [Postcards from Nature], the magazine he founded and edited in 1952, calling on highly eminent philosophers such as Heidegger.
During that period, he also wrote more and more theoretical essays. Although these did not claim to explain his painting, something he always refused to do, they did aim to illustrate, to philosophers, poets and anyone else who was interested, "the true art of painting".
In 1966, Michel Foucault finally awarded Magritte the recognition he had sought for so long. Magritte read *Les Mots et Les Choses* [The Order of Things] as soon as it was published, no doubt on account of its title, which reflected so clearly his own preoccupations, and sent the philosopher a letter, together with a reproduction of *The Treachery of Images*.

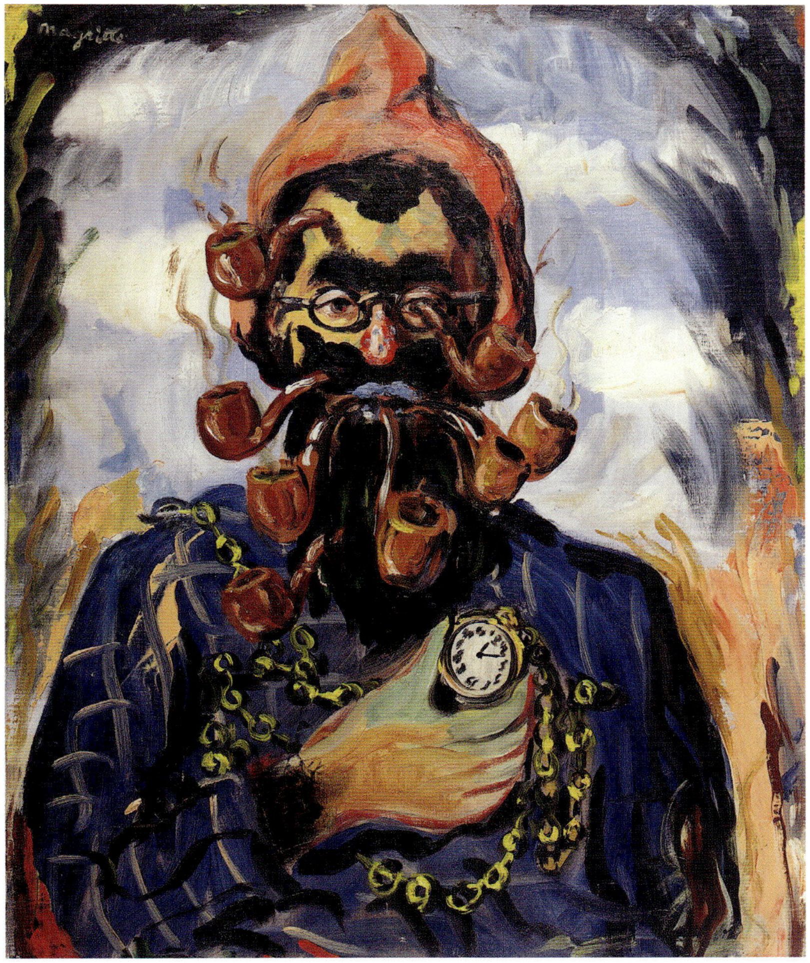

Le Stropiat [The Cripple], 1948
Huile sur toile marouflée sur contreplaqué, 59,5 × 49,5 cm
Centre Pompidou, Musée national d'art moderne, Paris
Achat, 1999. AM 1999-6

Magritte's condemnation of the treachery of images inevitably brings to mind the longstanding philosophical debate on representation and the status of the image as seen through the Western prism of art history. The dialectic of words and images is rooted in the Biblical tale of Moses repudiating idols because their worship challenged the tables of God's Law. The shadows and outlines masking truth reflect those Pliny saw at the origin of painting, in the story of the daughter of Butades of Corinth. On several occasions, Magritte also uses Plato's cave as the ideal setting for an attack on the false nature of images. Similarly, he develops the motif of the curtain just as the realism of his painting begins to overlap with trompe-l'oeil, echoing the joust between Zeuxis and Parrhasius. As for his deliberate dismantling of the female body, it can only conjure up the legend of Zeuxis in Croton.

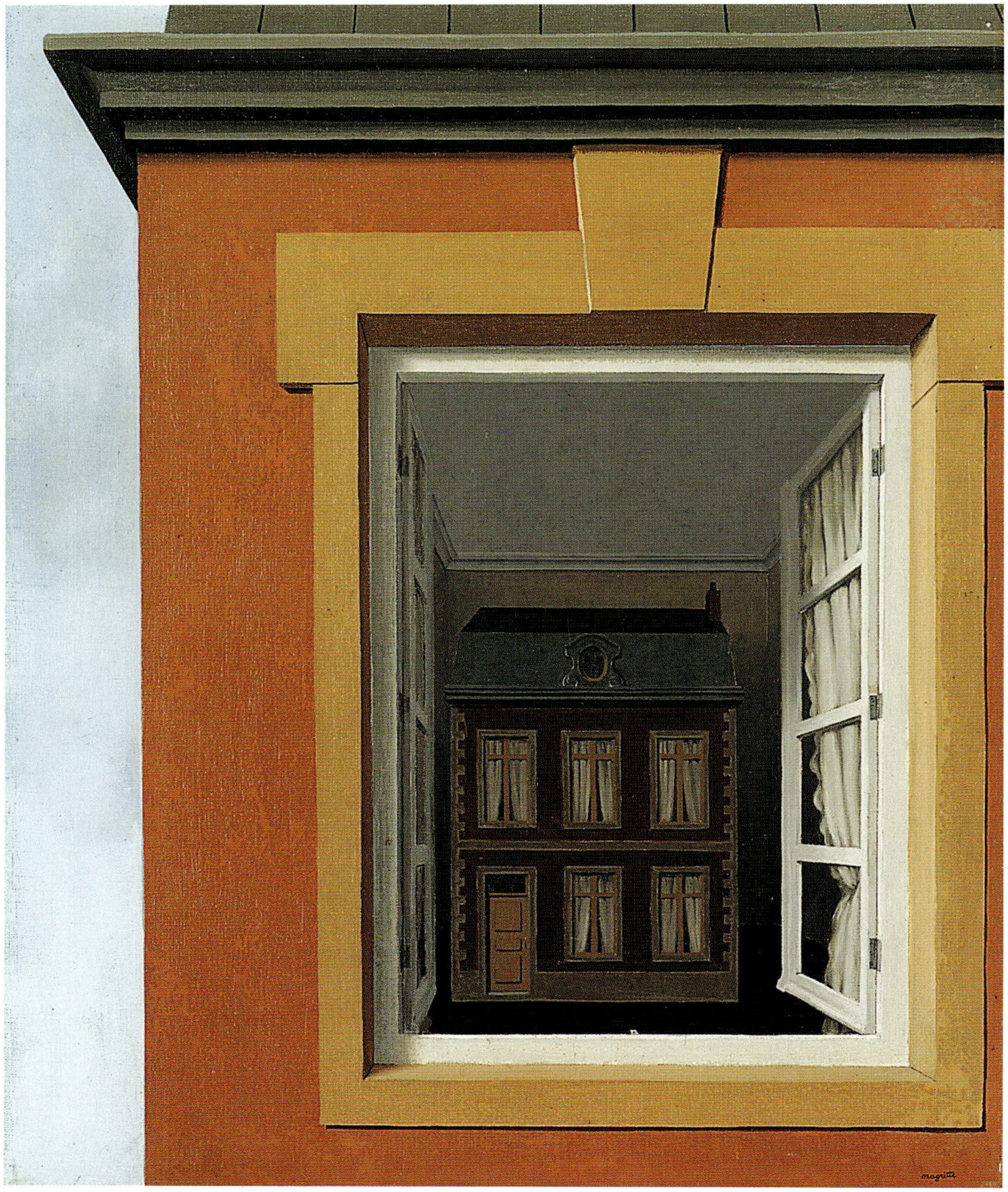

« Les titres des tableaux ne sont pas des explications et les tableaux ne sont pas des illustrations des titres. La relation entre le titre et le tableau est poétique, c'est-à-dire que cette relation ne retient des objets que certaines de leurs caractéristiques habituellement ignorées par la conscience, mais parfois pressenties à l'occasion d'événements extraordinaires que la raison n'est point encore parvenue à élucider. »

"The titles of my works are not explanations and the works are not illustrations of the titles. The link between the title and work is poetic, in other words it retains only some of the characteristics of the objects, those that are normally ignored consciously but may sometimes be intuited when extraordinary events occur that reason has not yet been able to elucidate."

Éloge de la dialectique
[In Praise of the Dialectic], 1937
Huile sur toile, 65,5 × 54 cm
National Gallery of Victoria, Melbourne, Australie. Felton Bequest, 1971

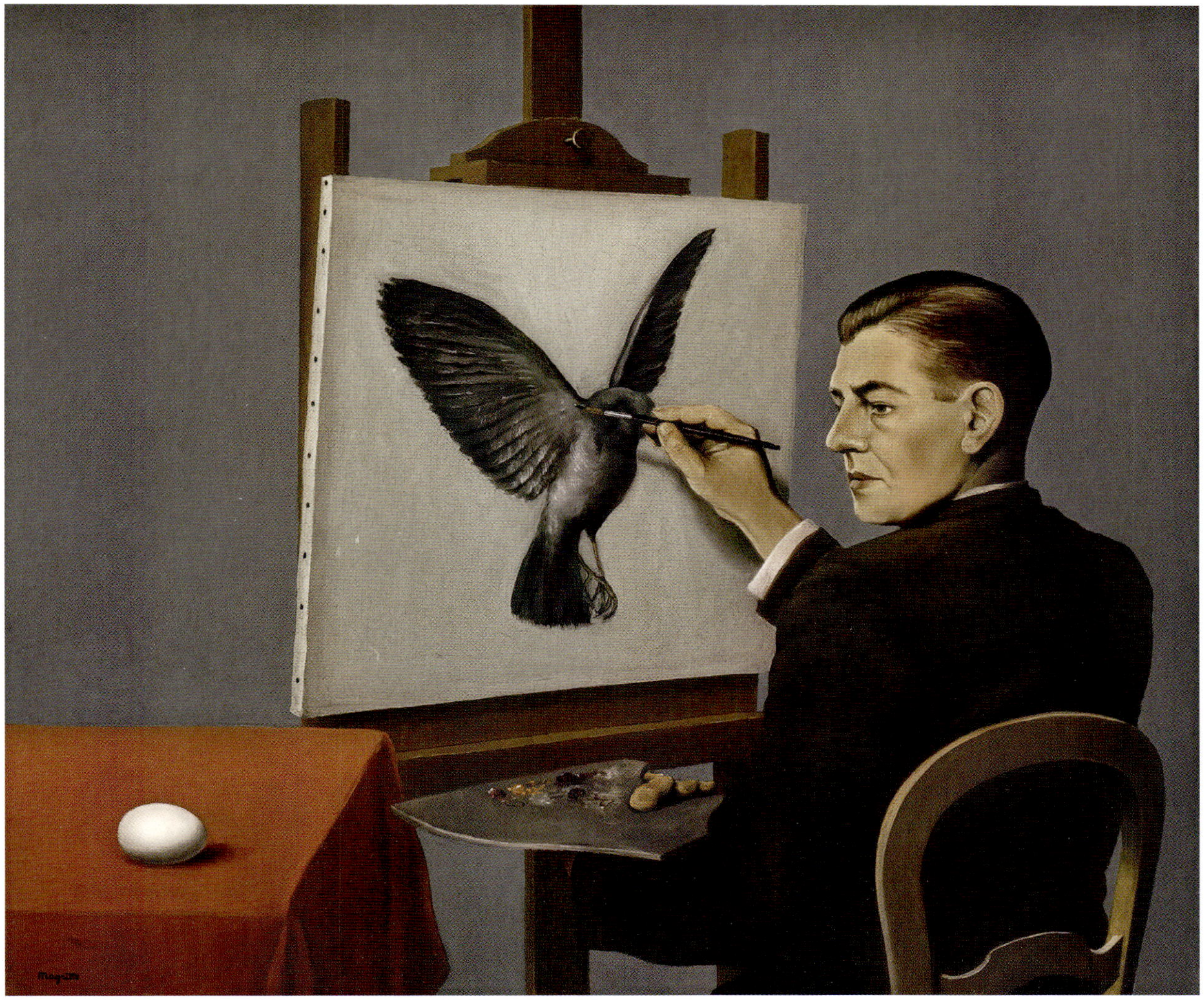

La Clairvoyance
[Clairvoyance], 1936
Huile sur toile, 54 × 65 cm
Collection particulière

Magritte ou l'art du « problème »

Magritte or the art of the 'problem'

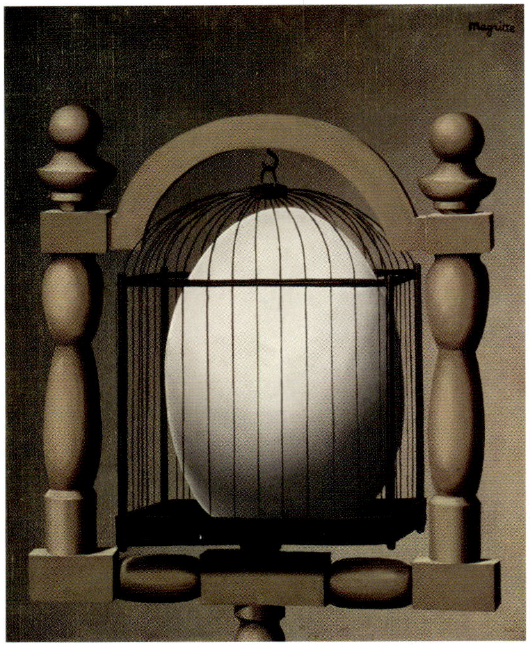

Les Affinités électives
[Elective Affinities], 1932
Huile sur toile, 41 × 33 cm
Collection particulière

Rapprochant un buste d'Apollon et un gant de caoutchouc dans *Le Chant d'amour*, Giorgio De Chirico porte à son plus haut accomplissement la définition de la beauté que le surréalisme empruntait à Lautréamont – celle qui naît de « la rencontre fortuite sur une table de dissection d'une machine à coudre et d'un parapluie ». Profondément troublé par cette toile, Magritte fait sienne l'esthétique surréaliste, faite de collages et d'associations dictés par l'inconscient. Dès 1932 pourtant, cette esthétique est brutalement remise en question : « Une nuit [...] je m'éveillai dans une chambre où l'on avait placé une cage et son oiseau endormi.
Une magnifique erreur me fit voir dans la cage l'oiseau disparu et remplacé par un œuf. Je tenais là un nouveau secret poétique étonnant, car le choc que je ressentis était provoqué précisément par l'affinité de deux objets, la cage et l'œuf, alors que précédemment ce choc était provoqué par la rencontre d'objets étrangers entre eux » (René Magritte, « La ligne de vie I », 1938, dans *Écrits complets*, *op. cit.*, p. 110). Dès lors, les associations ne sont plus fortuites mais dictées par de stricts principes dialectiques. *Les Vacances de Hegel* associe deux objets aux fonctions contraires – repousser et contenir l'eau –, tandis que dans *La Durée poignardée*, le foyer et la locomotive sont liés de manière intrinsèque par la fumée.

By juxtaposing a bust of Apollo and a rubber glove in *The Song of Love*, Giorgio de Chirico reached the pinnacle of Lautréamont's definition of beauty, which Surrealism willingly borrowed: "the fortuitous encounter of a sewing machine and an umbrella on a dissecting table". In reaction to this painting, which had deeply perturbed him, Magritte embraced the Surrealist aesthetic, based on collages and subconsciously generated associations. In 1932, however, this aesthetic was rudely challenged: "One night [...] I woke up in a room containing a cage with a sleeping bird. A magnificent error gave me the impression that the bird had disappeared, to be replaced by an egg. Within my grasp was a new and astonishing poetic secret, for the shock I experienced was triggered precisely by the affinity between these two objects, the cage and the egg, whereas until that point the shock had been triggered by the encounter of unrelated objects" (René Magritte, "La ligne de vie I" [Lifeline I], 1938, in *Écrits complets* [Collected writings], *op. cit.*, p. 110). From then on, associations were no longer deemed to be fortuitous, they were imposed by strict dialectical principles. *Hegel's Holiday* associates two objects with opposing functions – to repel and contain water – whereas in *Time Transfixed* the stove and the locomotive are intrinsically linked by the smoke.

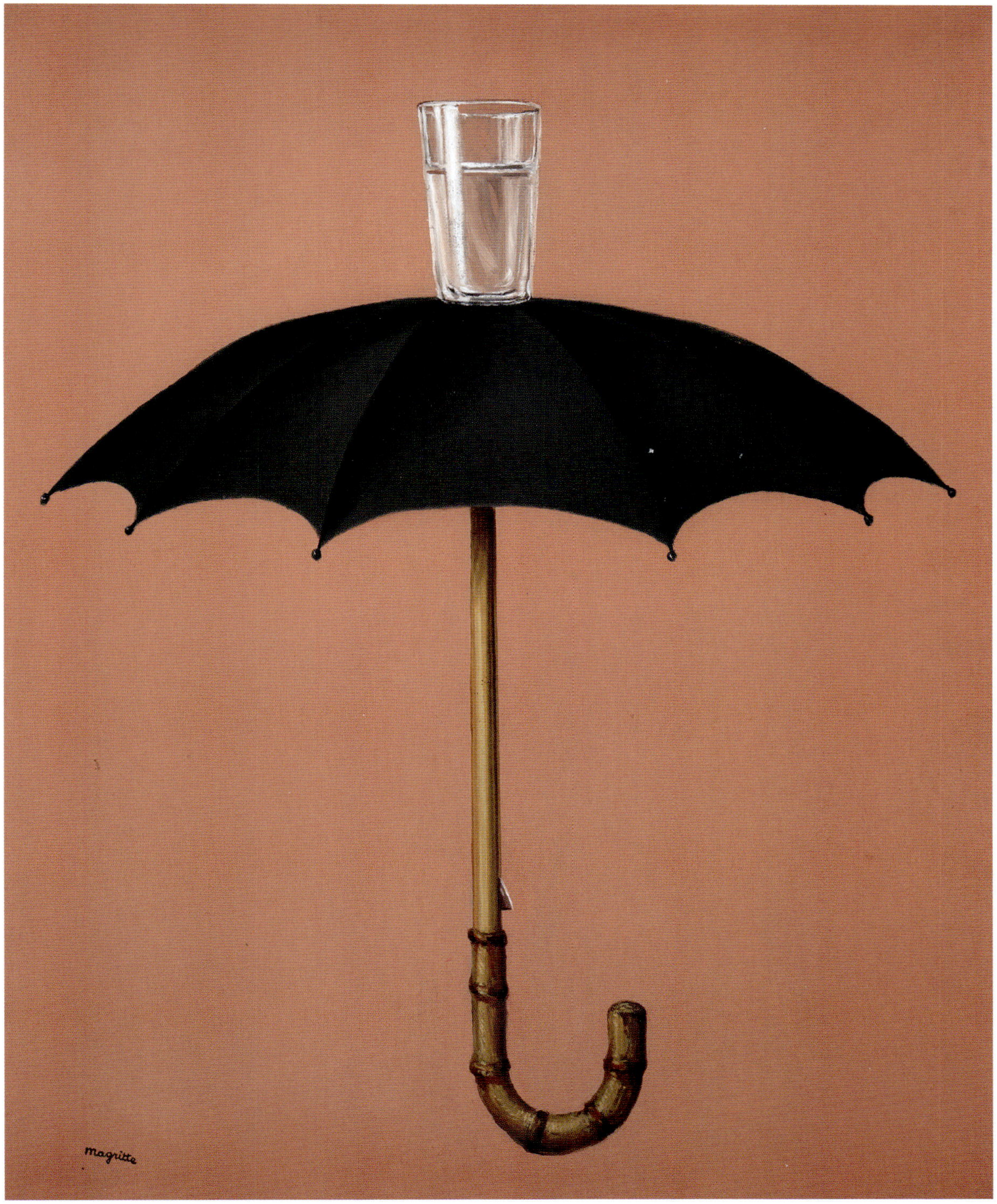

Les Vacances de Hegel
[Hegel's Holiday], 1958
Huile sur toile, 60 × 50 cm
Collection particulière

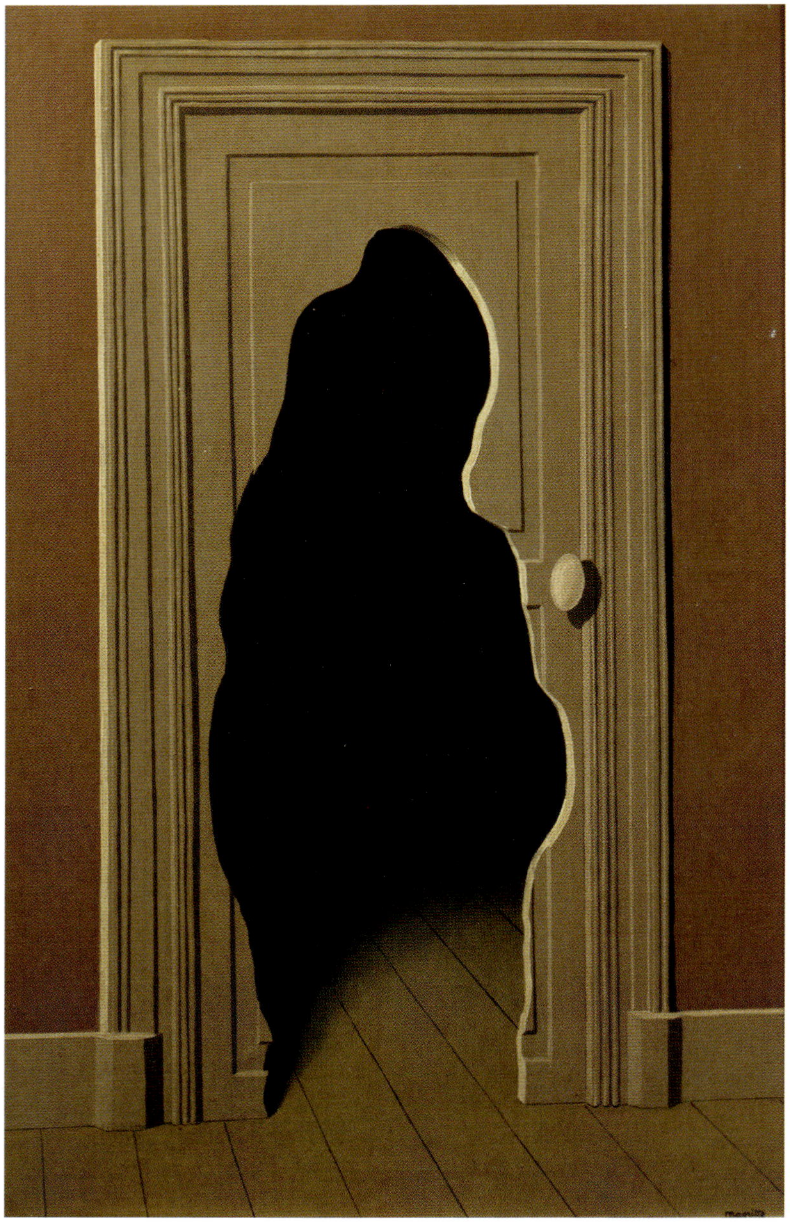

« N'importe quel objet, pris comme question d'un problème… et la réponse exacte, trouvée par la recherche de l'objet secrètement lié au premier… donnent, réunis, une connaissance nouvelle. »
« […] mes investigations ressemblaient à la poursuite de la solution de problèmes dont j'avais trois données : l'objet, la chose attachée à lui dans l'ombre de ma conscience et la lumière où cette chose devait parvenir. »

"Any object, taken as the question to a problem… and the exact answer, discovered by seeking the object that is secretly linked to the first one… when combined provide a new source of knowledge."
"[…] my investigations seemed to be seeking a solution to problems epitomised by three elements: the object itself, the thing that was attached to it in the shadows of my conscience and the light that would ultimately illumine that thing."

La Réponse imprévue
[The Unexpected Answer], 1933
Huile sur toile, 82 × 54,4 cm
Musées royaux des beaux-arts de Belgique, Bruxelles, inv. 7241

Le Chant de l'orage
[The Song of the Storm], 1937
Huile sur toile, 65,1 × 54,3 cm
The Menil Collection, Houston

La Durée poignardée
[Time Transfixed], 1938
Huile sur toile, 147 × 98,7 cm
The Art Institute of Chicago, Joseph Winterbotham Collection

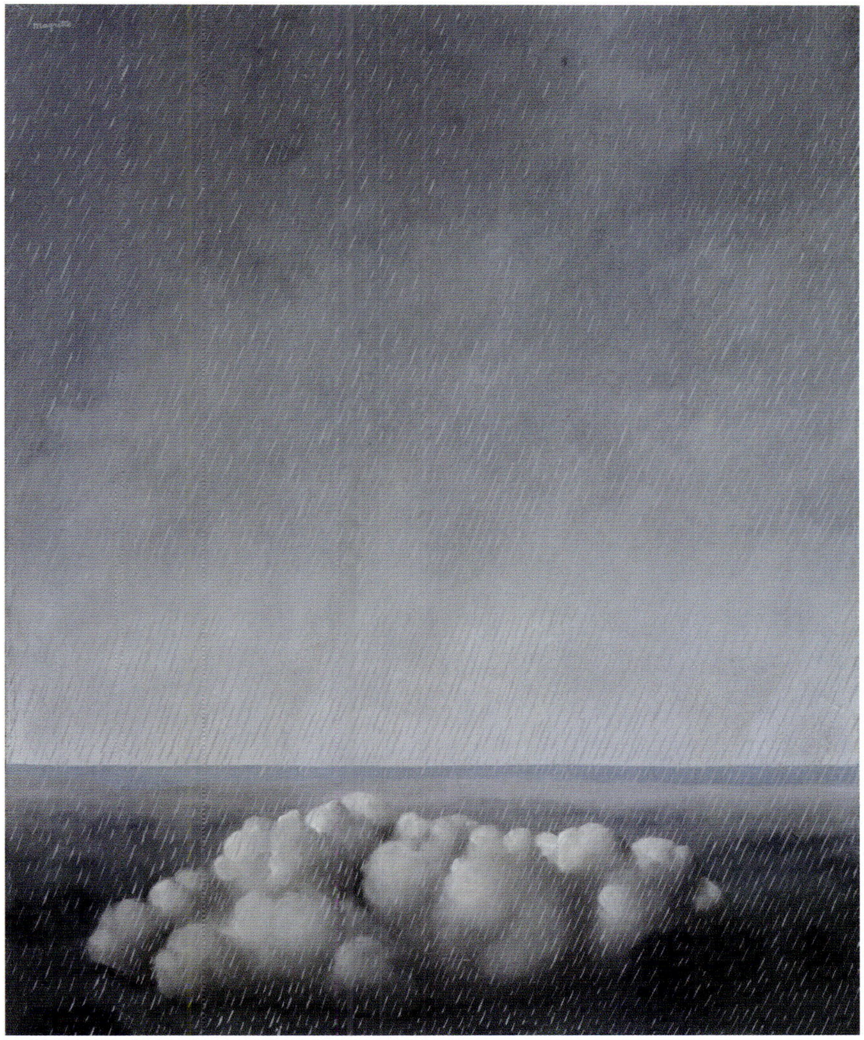

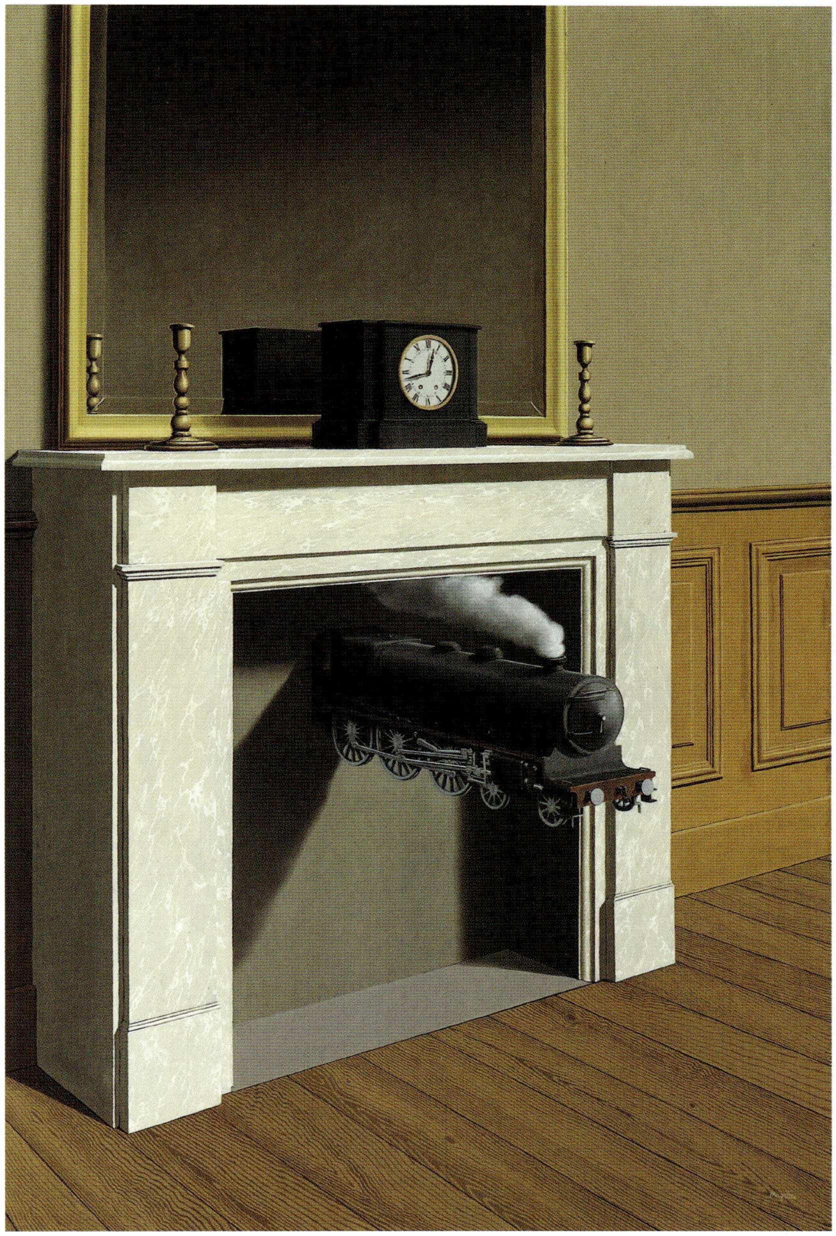

L'adoration du veau d'or
Les mots et les images

The Adoration of the Golden Calf
Words and Images

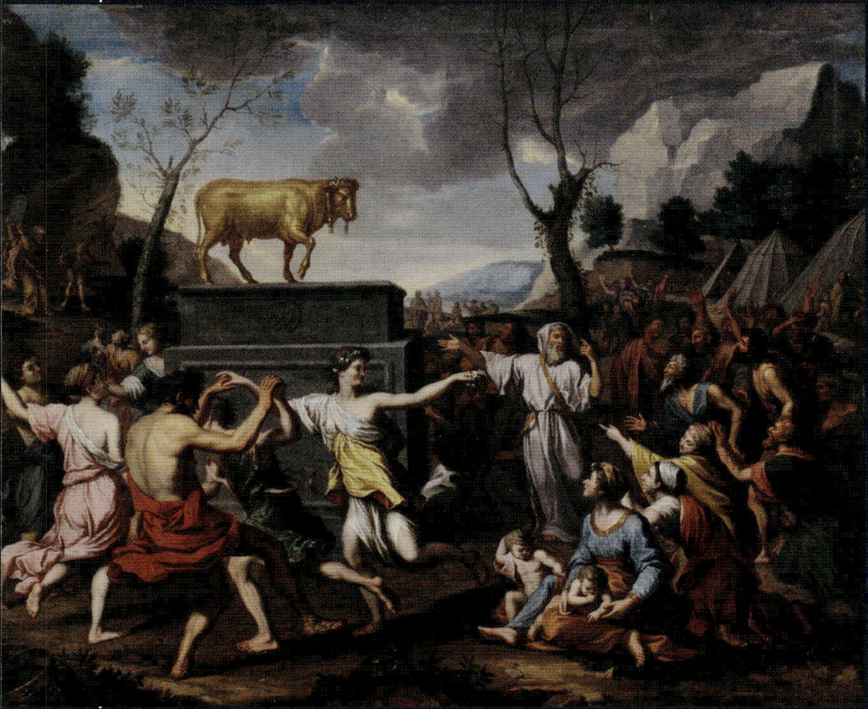

Anonyme d'après Nicolas Poussin
Le Veau d'or [The Adoration of the Golden Calf],
École française XVIIe siècle
Huile sur toile, 65 × 79 cm
Musée des beaux-arts de Bordeaux

Lorsque Magritte s'installe en 1927 au Perreux-sur-Marne, il se voit rapidement confronté à un surréalisme qui, créé et animé par des poètes, est désireux d'affirmer la prééminence des mots sur les images. Cette dialectique, une des plus célèbres de l'histoire, s'ancre dans le récit biblique : l'épisode de l'adoration du veau d'or lors duquel Moïse condamne les icônes, dont le culte détourne les Hébreux du texte de la Loi.
De ses activités de publicitaire, qu'il qualifiait de « travaux imbéciles », Magritte avait au moins retenu qu'une image pouvait égaler en efficacité un texte, une énonciation. C'est dans ce contexte qu'il publie le court traité illustré « Les mots et les images » dans le douzième numéro de *La Révolution surréaliste*. Il y développe l'idée du langage comme système non arbitraire, où signifiant et signifié seraient indépendants l'un de l'autre.
Nourrissant le projet d'élever son art au rang de la poésie, Magritte réduit son iconographie à quelques objets – le nuage, la feuille, la clef, le chapeau melon… – qui, tels des hiéroglyphes, rappellent des temps où la pensée s'exprimait en images.

When Magritte moved to Perreux-sur-Marne in 1927, he soon found himself caught up in a Surrealism that was both instigated and run by poets, who naturally favoured the pre-eminence of words over images. This key historical dialectic was rooted in the Biblical tale featuring the episode of the adoration of the golden calf, which led to Moses' condemnation of icons as objects of worship, responsible for alienating the Israelites from the tables of God's Law.
From his days working in advertising, which he considered "idiotic work", Magritte had at least learned that an image could be as powerful as a text or pronouncement. It was in this context that he published the short illustrated treatise "Words and Images" in the twelfth issue of *La Révolution surréaliste*. In it he developed the idea of language as a non-arbitrary system in which the signifier and signified were separate entities.
Driven by a desire to raise his art to the level of poetry, Magritte whittled down his iconography to just a few objects – a cloud, leaf, key or bowler hat – which, like hieroglyphs, harked back to a time when thought could be expressed through images.

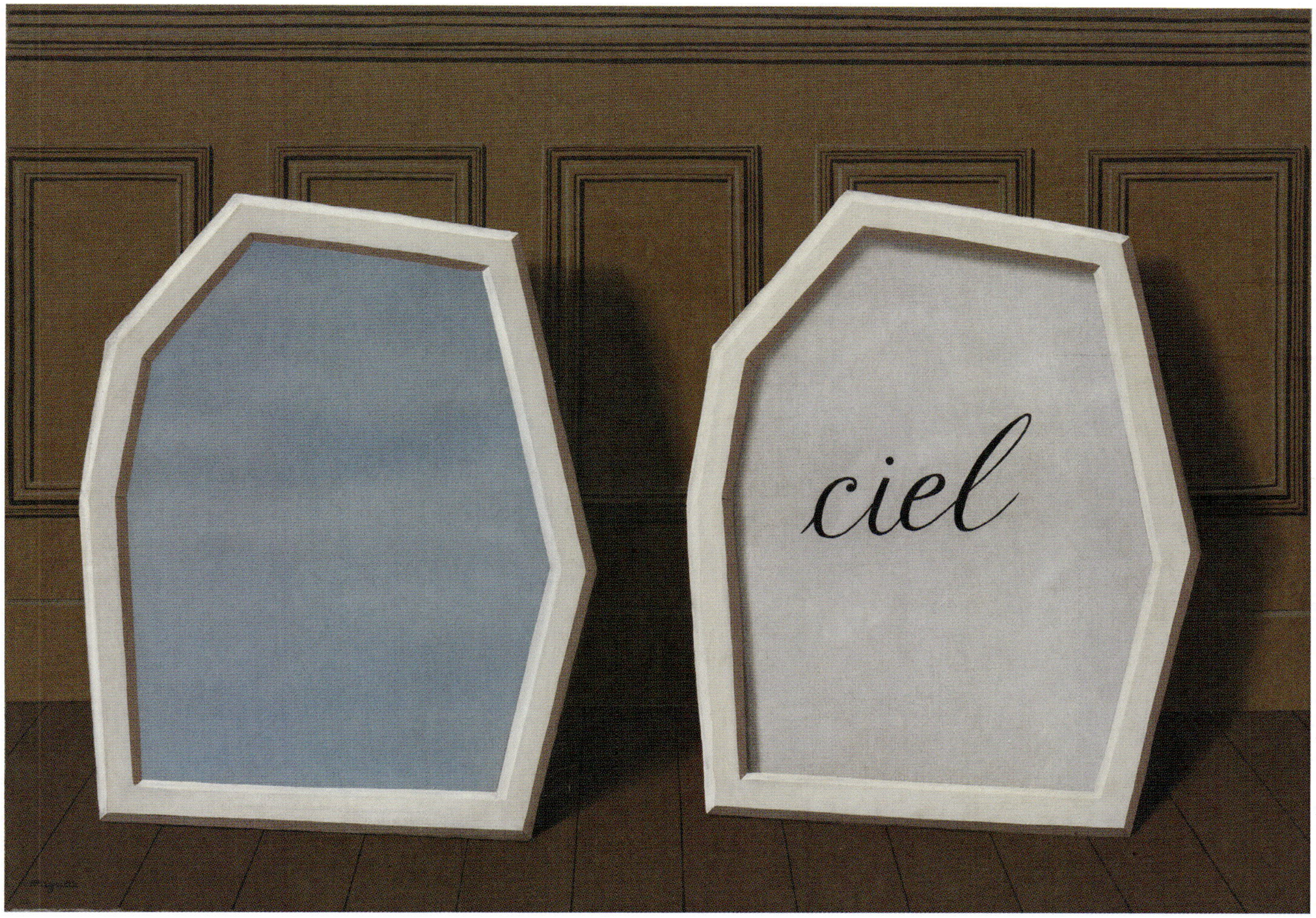

Le Palais de rideaux III
[The Palace of Curtains],
1928-1929
Huile sur toile, 81,2 × 116,4 cm
The Museum of Modern Art, New York.
The Sydney and Harriet Janis Collection,
1967

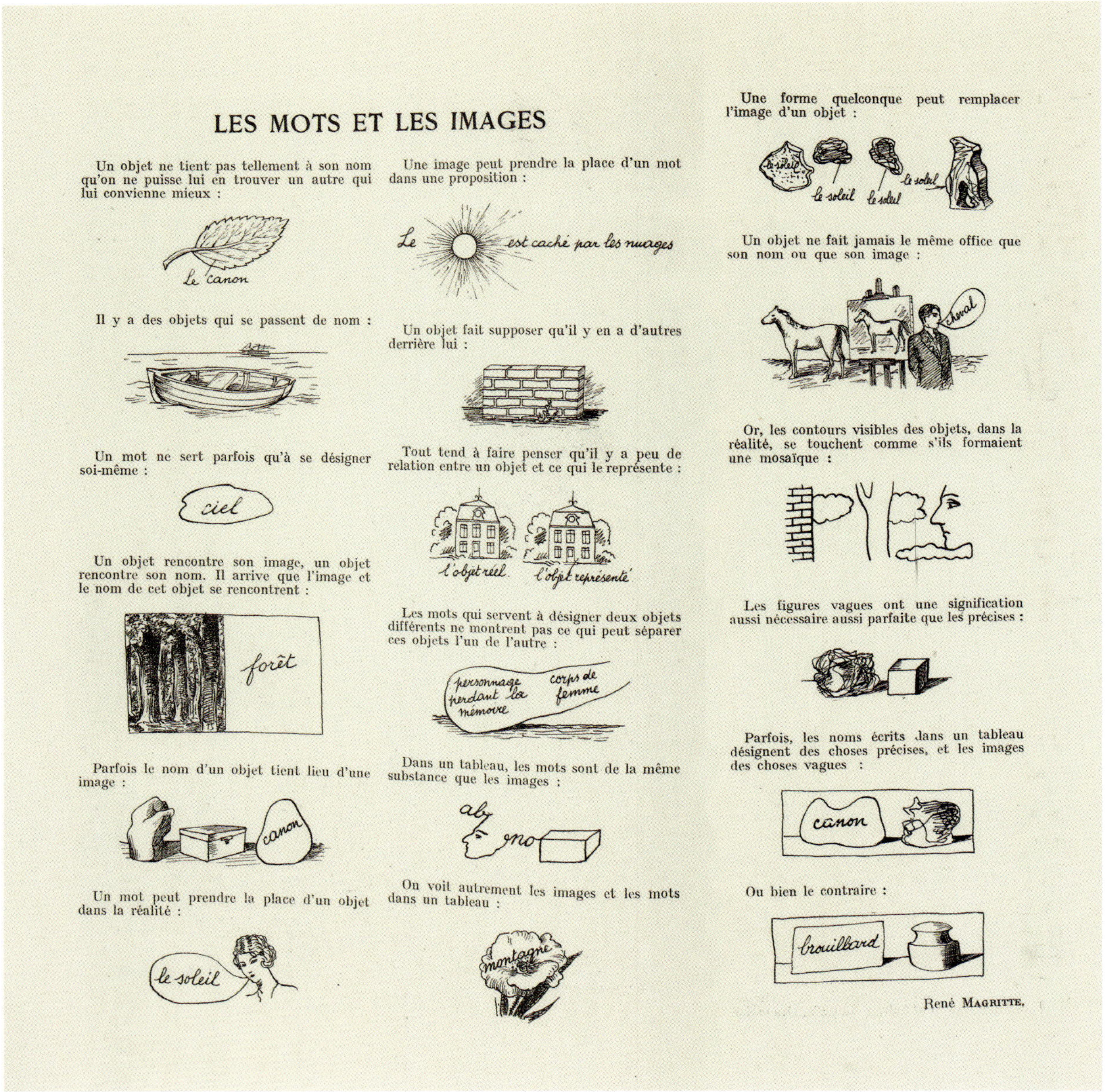

LES MOTS ET LES IMAGES

Un objet ne tient pas tellement à son nom qu'on ne puisse lui en trouver un autre qui lui convienne mieux :

Il y a des objets qui se passent de nom :

Un mot ne sert parfois qu'à se désigner soi-même :

Un objet rencontre son image, un objet rencontre son nom. Il arrive que l'image et le nom de cet objet se rencontrent :

Parfois le nom d'un objet tient lieu d'une image :

Un mot peut prendre la place d'un objet dans la réalité :

Une image peut prendre la place d'un mot dans une proposition :

Un objet fait supposer qu'il y en a d'autres derrière lui :

Tout tend à faire penser qu'il y a peu de relation entre un objet et ce qui le représente :

Les mots qui servent à désigner deux objets différents ne montrent pas ce qui peut séparer ces objets l'un de l'autre :

Dans un tableau, les mots sont de la même substance que les images :

On voit autrement les images et les mots dans un tableau :

Une forme quelconque peut remplacer l'image d'un objet :

Un objet ne fait jamais le même office que son nom ou que son image :

Or, les contours visibles des objets, dans la réalité, se touchent comme s'ils formaient une mosaïque :

Les figures vagues ont une signification aussi nécessaire aussi parfaite que les précises :

Parfois, les noms écrits dans un tableau désignent des choses précises, et les images des choses vagues :

Ou bien le contraire :

René MAGRITTE.

« Les mots et les images »,
[Words and Images]
La Révolution surréaliste,
n° 12, 15 décembre 1929, p. 32-33

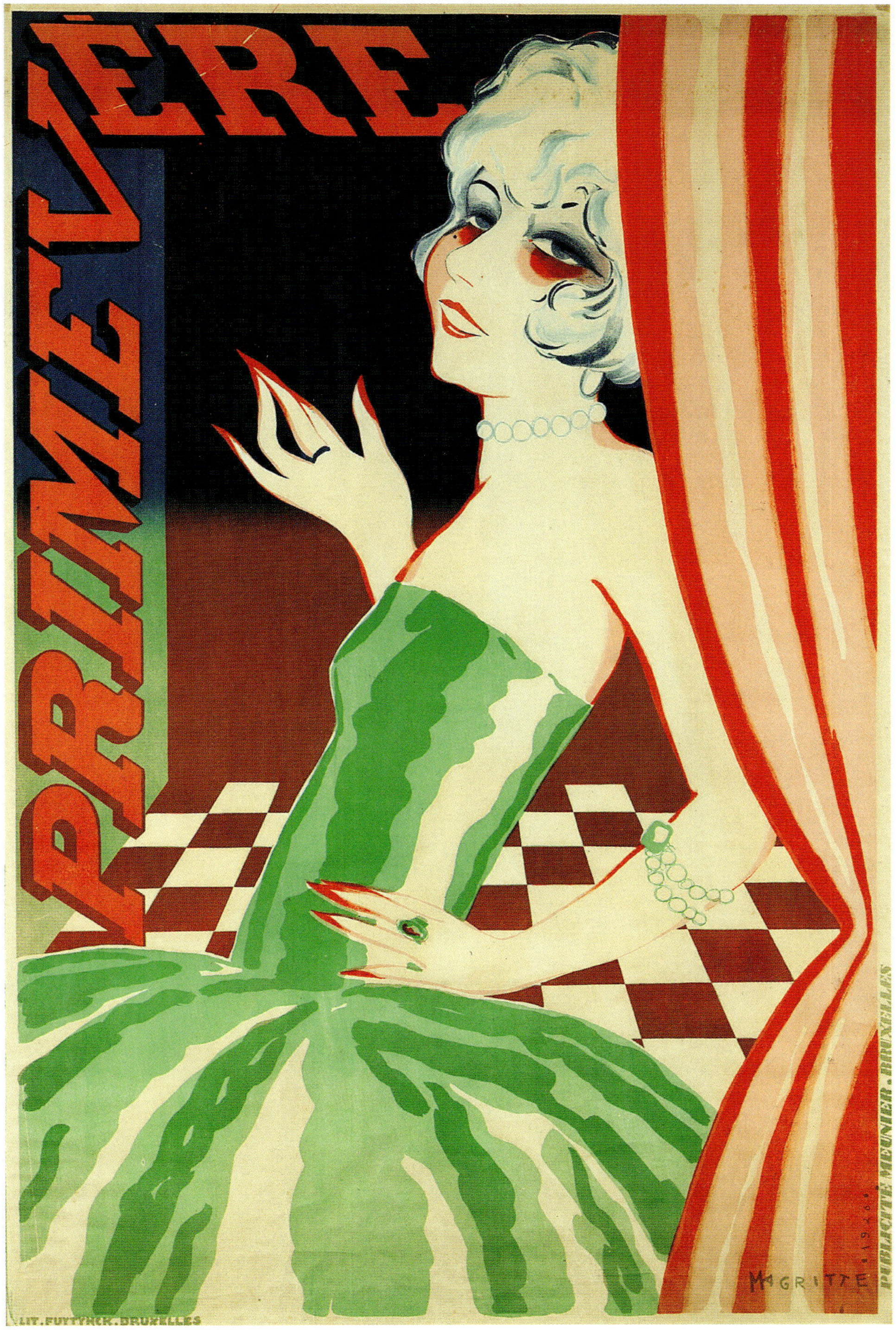

Primevère, 1926
Lithogravure sur papier, 124 × 85,2 cm
Musées royaux des beaux-arts de Belgique,
Bruxelles, inv. 8584

« C'est bien simple. Qui oserait prétendre que la REPRÉSENTATION d'une pipe EST une pipe ? Qui pourrait fumer la pipe de mon tableau ? Personne. Alors ce N'EST PAS UNE PIPE. »

"It's quite simple. Who would dare pretend that the REPRESENTATION of a pipe IS a pipe? Who could possibly smoke the pipe in my painting? No one. Therefore it IS NOT A PIPE."

En 1929, désireux d'affirmer l'égalité entre la peinture et la poésie face à un surréalisme qui n'a de cesse de revendiquer la prééminence de l'écrit, Magritte déclare que « La poésie est une pipe » ; André Breton et Paul Eluard s'enchantent eux-mêmes de cette formule. Dans *La Trahison des images*, le peintre écrit avec ironie que « ceci » (la peinture) « n'est pas une pipe » (du pipeau), mais qu'elle peut prétendre au même sérieux que les vers de ses camarades. « C'est bien simple. Qui oserait affirmer que la REPRÉSENTATION d'une pipe EST une pipe ? Qui pourrait fumer la pipe de mon tableau ? Personne. Alors ce N'EST PAS UNE PIPE », insiste Magritte. L'œuvre la plus célèbre du peintre, qui synthétise ses recherches sur les tableaux-mots, attise la curiosité de Michel Foucault, qui y trouve un écho à sa propre réflexion sur le hiatus séparant les mots de ce qu'ils désignent (*Les Mots et les Choses*, 1966).

In 1929, determined to prove that painting and poetry were on an equal footing despite the Surrealists' constant flaunting of the pre-eminence of the written word, Magritte declared: "Poetry is a pipe." Even André Breton and Paul Eluard were enchanted by this aphorism. With reference to *The Treachery of Images*, the painter wrote ironically: "This" (the painting) "is not a pipe" (a pipe dream). He claimed, however, that it deserved as much respect as the verses written by his friends. "It's quite simple", he went on, "Who would dare pretend that the REPRESENTATION of a pipe IS a pipe? Who could possibly smoke the pipe in my painting? No one. Therefore IT IS NOT A PIPE." The painter's most famous work, which synthesises his research into word-images, aroused the curiosity of Michel Foucault, who saw in it an echo of his own reflection on the hiatus between words and what they describe (*The Order of Things*, 1966).

La Trahison des images (Ceci n'est pas une pipe)
[The Treachery of Images], 1929
Huile sur toile, 60,33 × 81,12 × 2,54 cm
Los Angeles County Museum of Art. Purchased with funds provided by the Mr. and Mrs. William Preston Harrison Collection

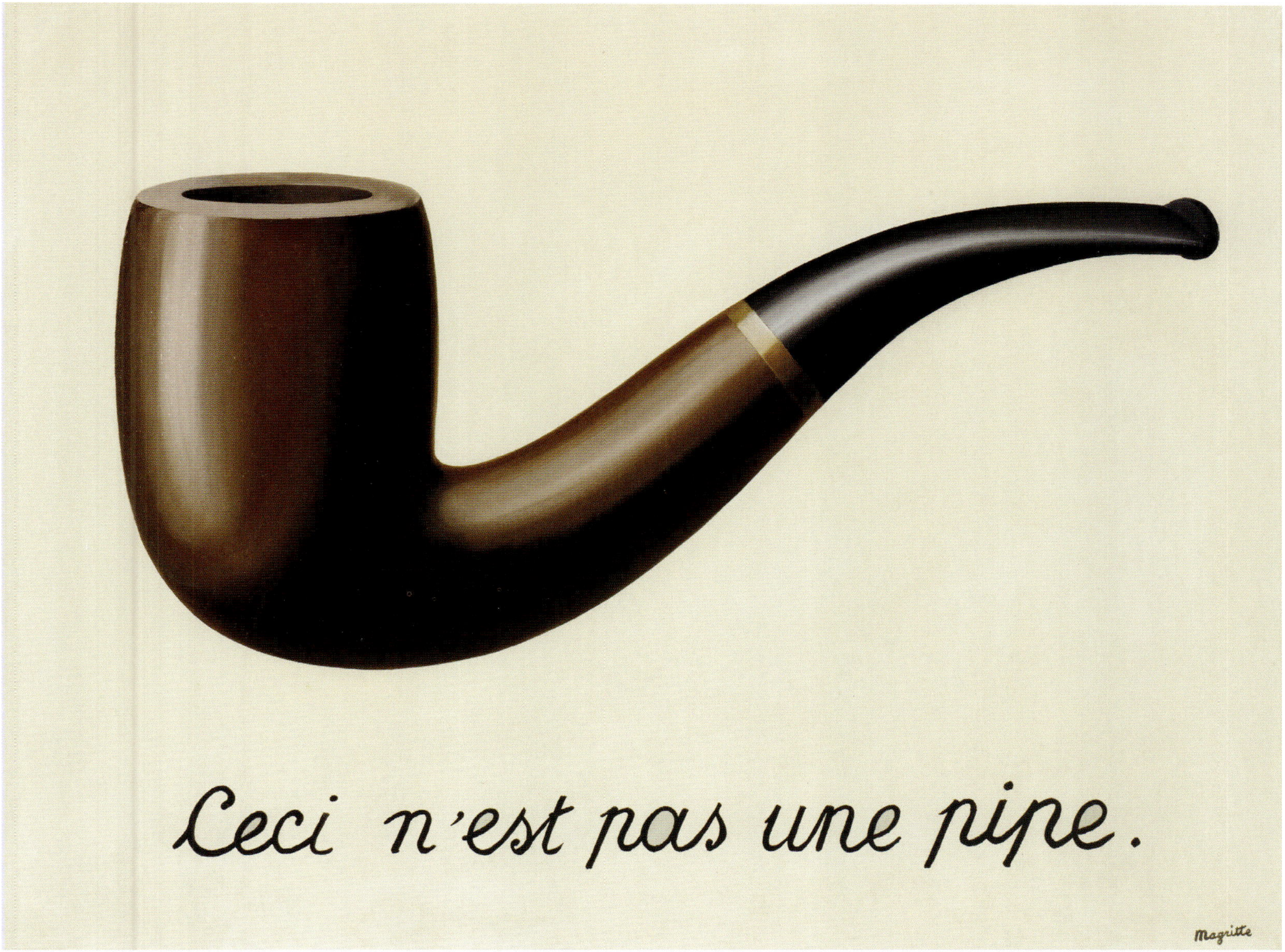
Ceci n'est pas une pipe.
Magritte

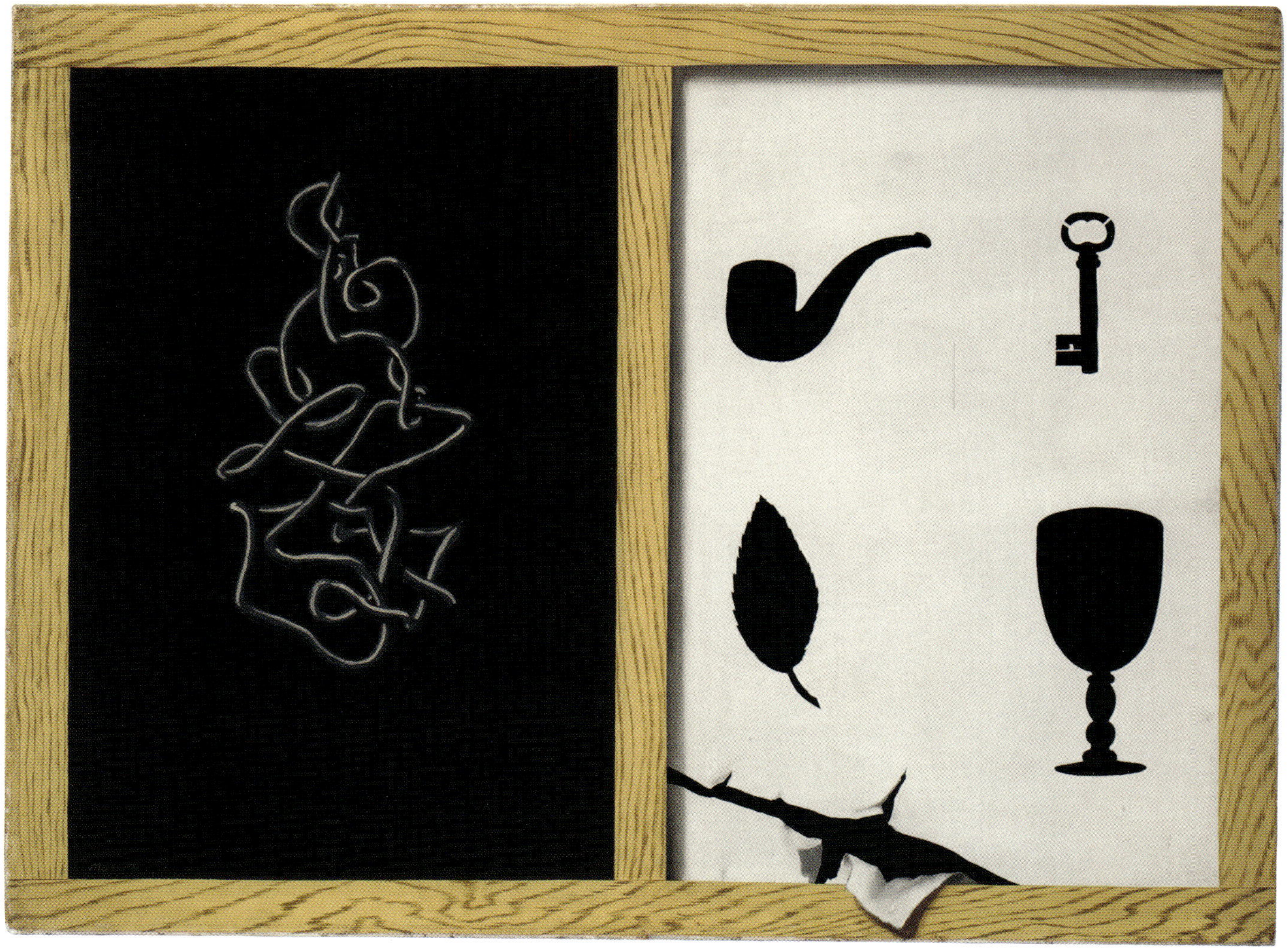

L'Alphabet des révélations
[The Alphabet of Revelations],
1929
Huile sur toile, 54,3 × 73,3 cm
The Menil Collection, Houston

« Il ne s'agit pas d'étonner par quelque chose, mais que l'on soit étonné d'être étonné par exemple. »

"It is not a question of creating astonishment by means of something but of being astonished, for example, by being astonished."

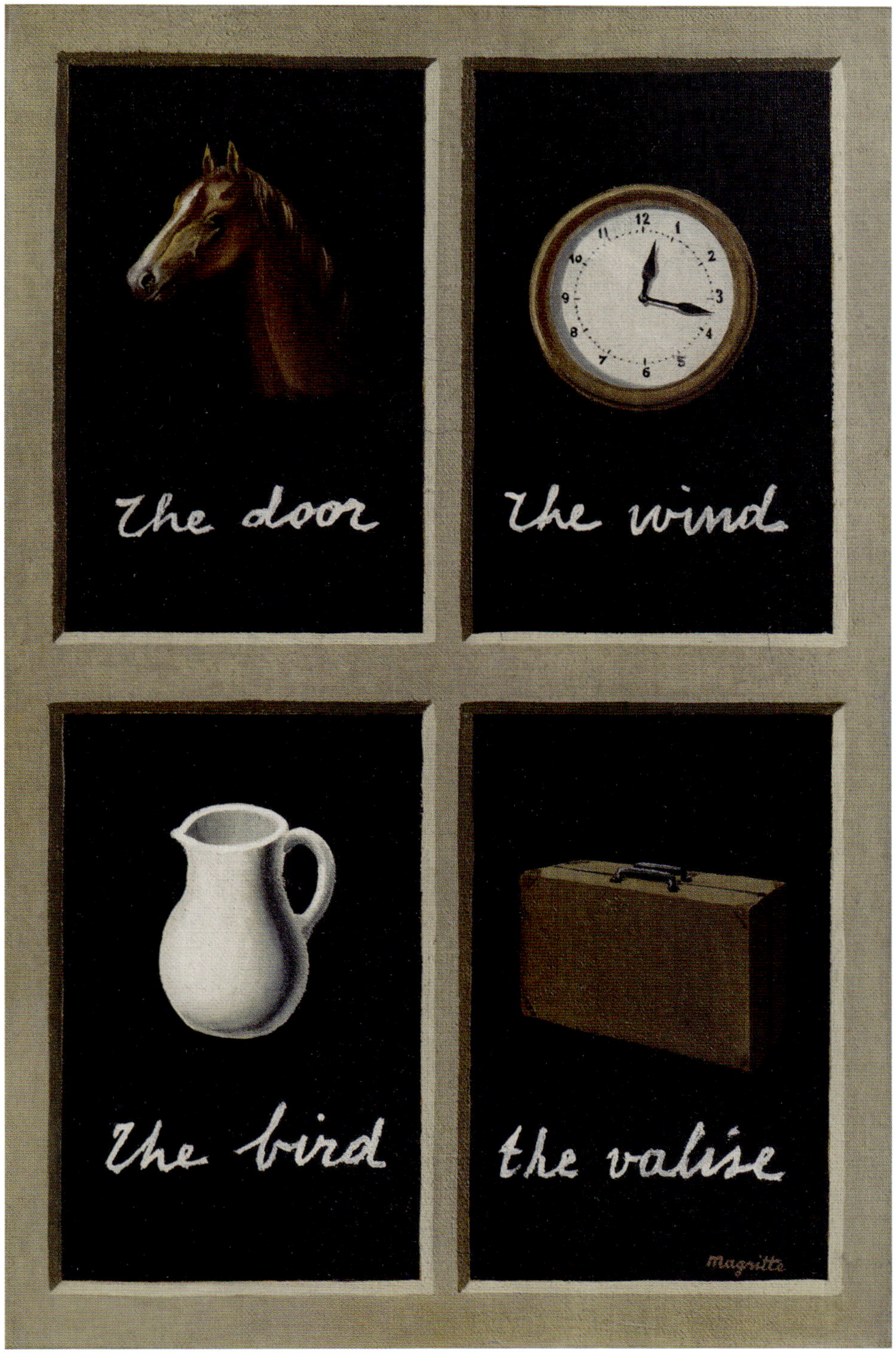

La Clef des songes
[The Interpretation of Dreams],
1935
Huile sur toile, 41,3 × 27,3 cm
Collection Jasper Johns

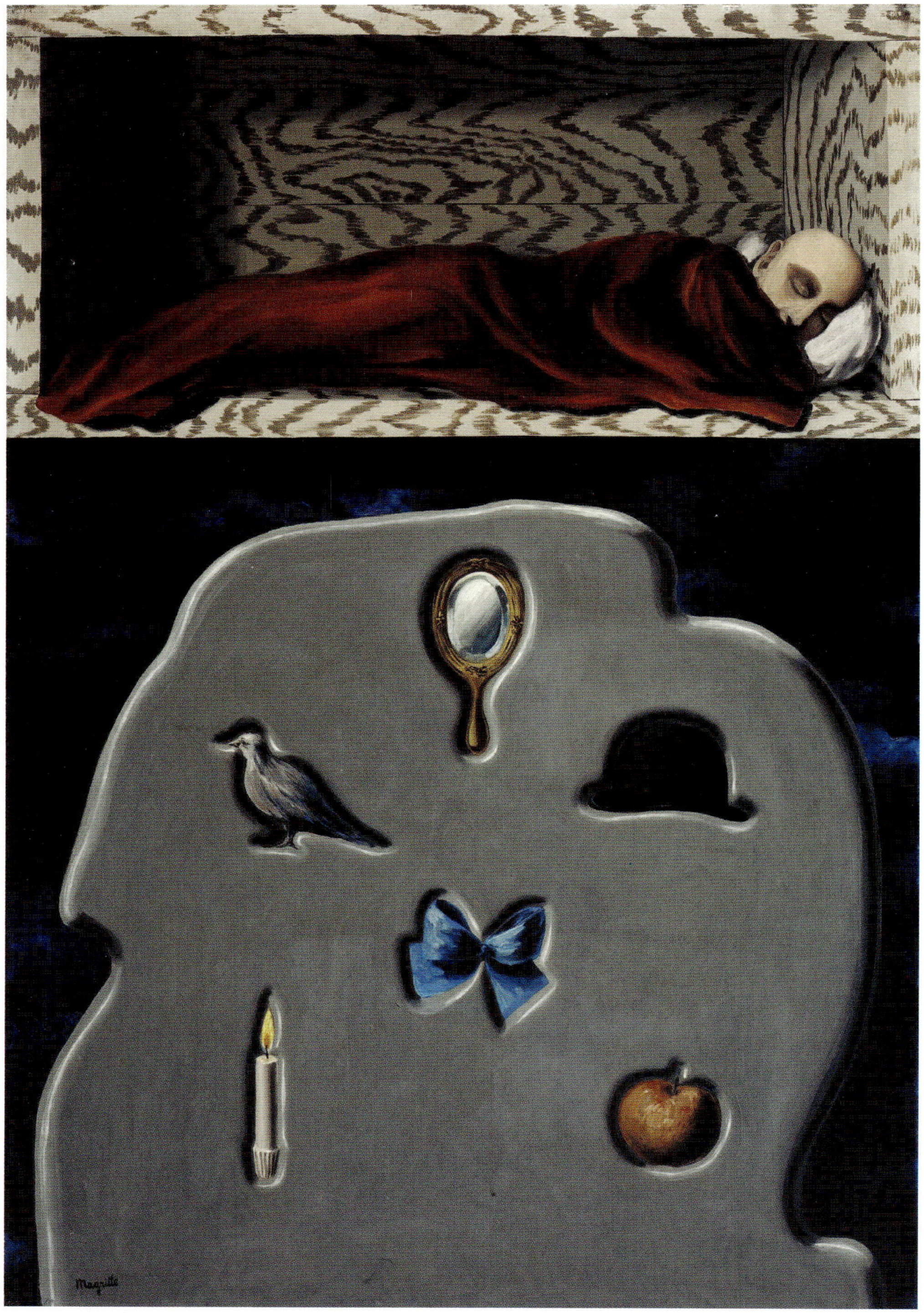

Le Dormeur téméraire
[The Daring Sleeper], 1928
Huile sur toile, 116 × 81 × 2 cm
Tate. Purchase 1969

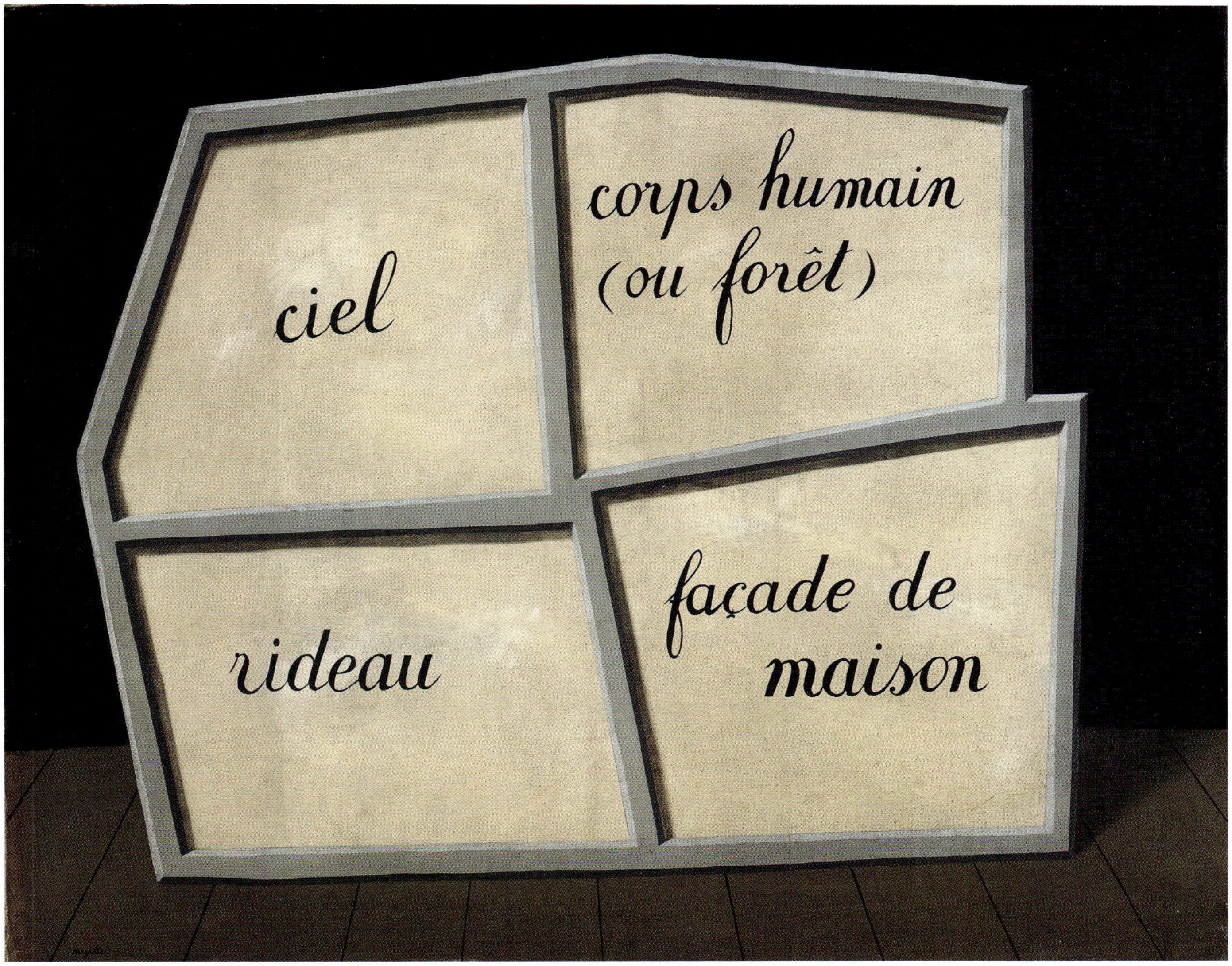

Le Masque vide
[The Empty Mask], 1928
Huile sur toile, 73,3 × 92,3 × 1,5 cm
Kunstsammlung Nordrhein-Westfalen,
Düsseldorf

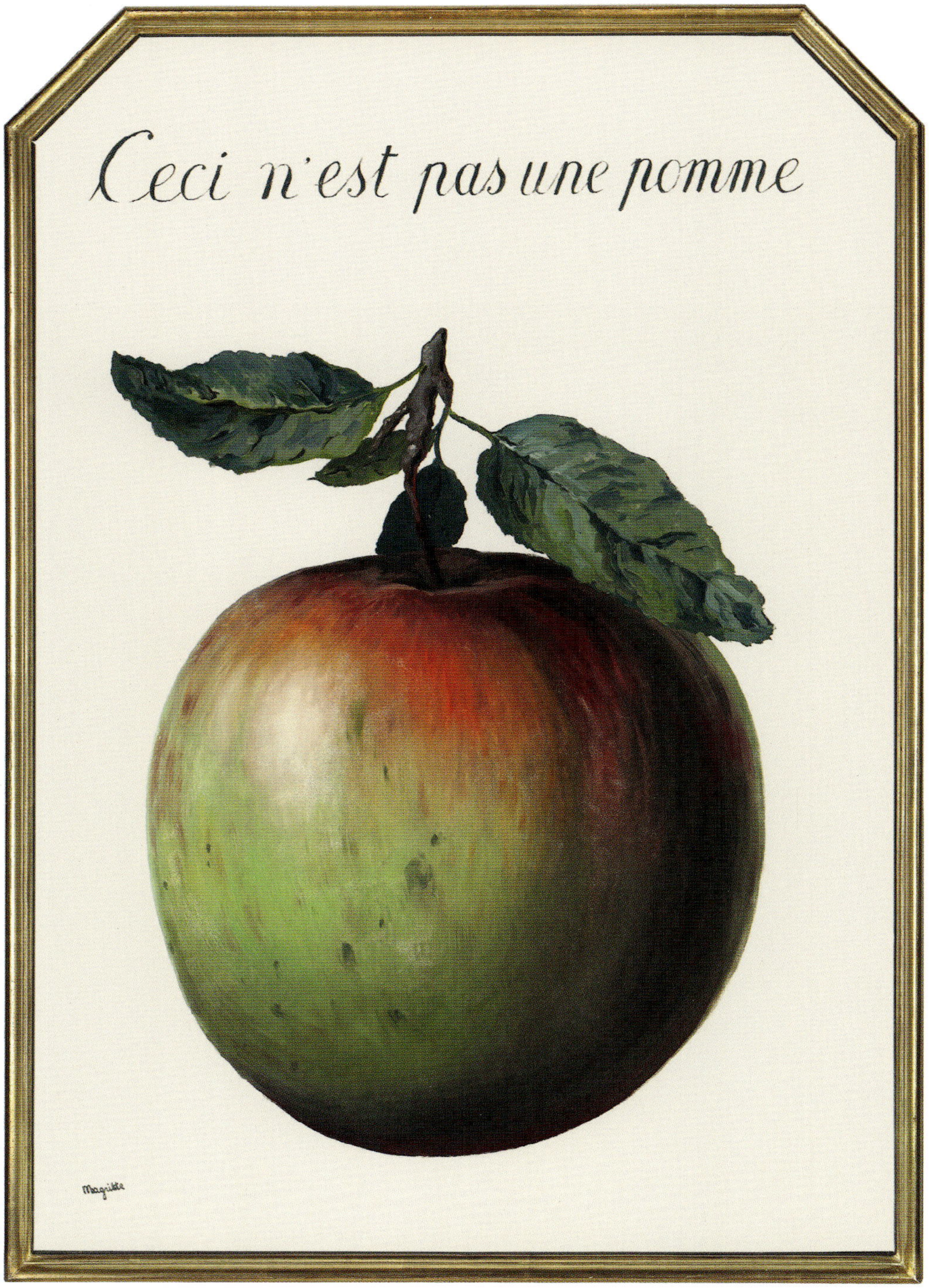

«La peinture attire votre admiration par la ressemblance des choses dont vous n'admirez pas les originaux. Mais cette admiration vous est parfois pénible, elle vous mènera loin.»

"Painting attracts your admiration by its resemblance to things which you do not admire in their original version. This admiration, however, can sometimes prove arduous and may be far-reaching."

Ceci n'est pas une pomme
[This Is Not an Apple], 1964
Huile sur panneau, 142 × 100 cm
Collection particulière

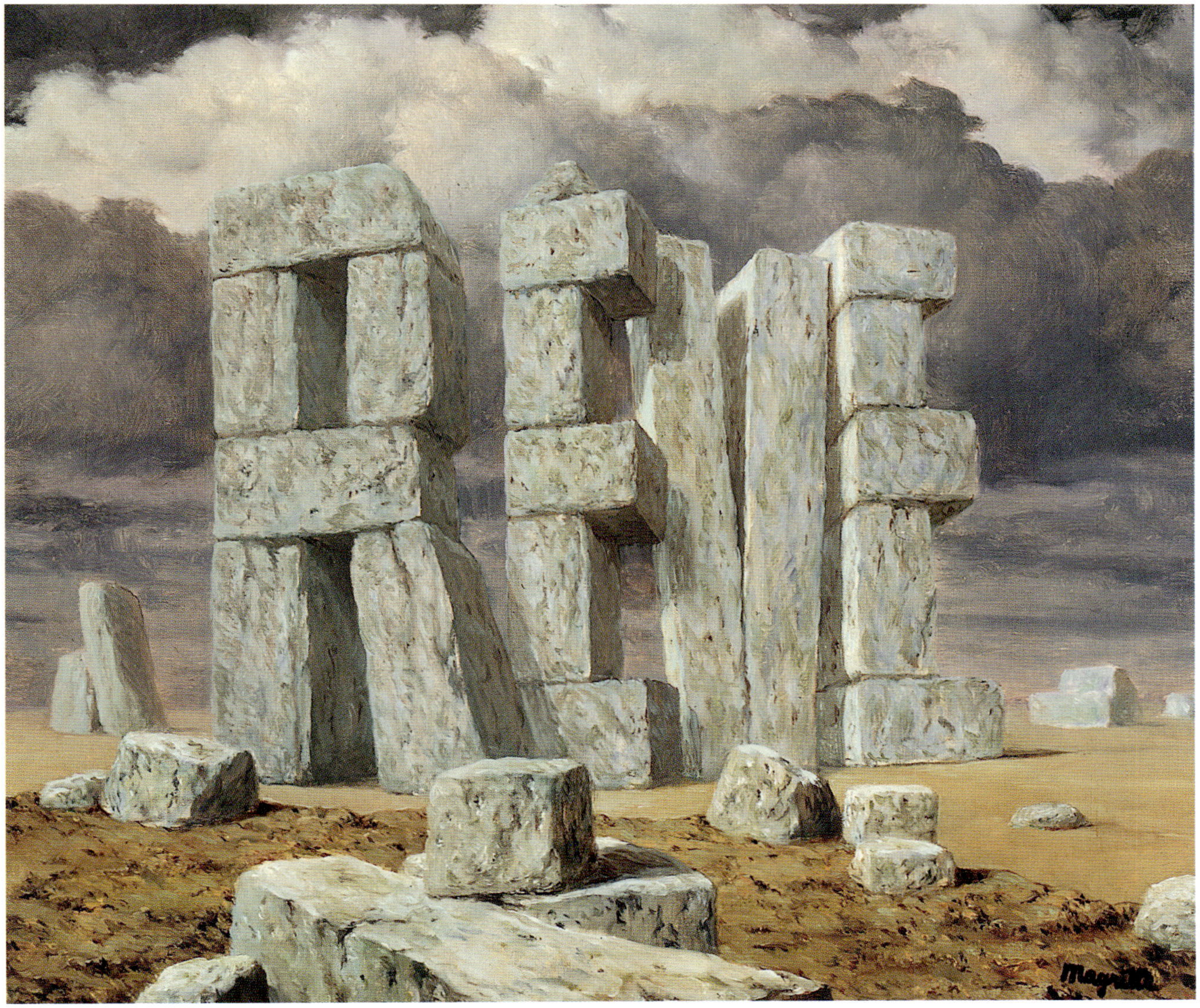

L'Art de la conversation
[The Art of Conversation], 1950
Huile sur toile, 51,44 × 59,06 cm
New Orleans Museum of Art.
Gift of William H. Alexander, 56.61

La fille du potier de Corinthe Ombres, profils, silhouettes

The Daughter of Butades of Corinth Shadows, profiles and silhouettes

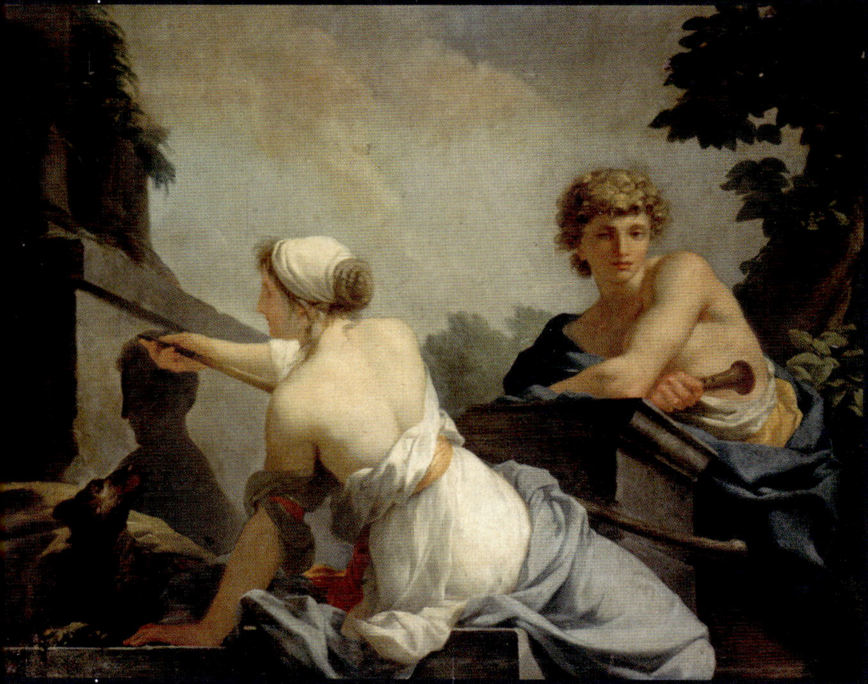

Jean-Baptiste Regnault
L'Origine de la peinture, ou Dibutade dessinant le portrait de son amant [The Origin of Painting: Dibutades Tracing the Portrait of a Shepherd], 1785
Huile sur toile, 120 × 140 cm
Musée national des Châteaux de Versailles et du Trianon

L'invention de la peinture telle que la relate Pline l'Ancien dans son *Histoire naturelle* fait de celle-ci une «empreinte» de la réalité: une jeune femme, dont le fiancé part à la guerre, trace les contours de sa silhouette sur un mur pour en conserver le souvenir. Chez Magritte, les ombres ne sont pourtant pas le reflet rigoureux du réel mais lui servent plutôt à dénoncer le caractère piégeur et factice des représentations: *Le Principe d'incertitude* accentue jusqu'à l'absurde le hiatus entre le sujet et sa représentation en montrant l'ombre d'un oiseau s'envolant projetée par le corps nu d'une jeune fille: «On ne peut pas dire avec certitude, d'après l'ombre d'un objet, ce que celui-ci est en réalité. (Par exemple: une ombre d'oiseau peut être obtenue en ombres chinoises par une certaine disposition des mains et des doigts.)» Dans son obsession à condamner «la trahison des images», Magritte révèle leur caractère pelliculaire, faisant glisser et se chevaucher plans, fonds, figures et textures. Reniant l'idée d'une image fantastique et hallucinatoire qui outrepasserait la raison, issue du premier surréalisme, Magritte ouvre la voie à une image mentale longuement réfléchie pour être poétiquement satisfaisante.

The origin of painting, according to Pliny the Elder in his *Natural History*, stemmed from the 'trace' of reality: a young woman, whose lover is going to war, traces the outlines of his silhouette on a wall to preserve his memory. To Magritte, however, rather than being an exact reflection of reality, shadows helped to denounce the traps and artificiality of representations: *The Uncertainty Principle* carries to the extremes of absurdity the rift between the subject and its representation, by depicting the shadow of a bird in flight projected by the body of a young woman: "One cannot deduce with certainty from the shadow of an object what that object actually is. (For example: the form of a bird can be obtained by holding your hands and fingers in a particular way to create a shadow puppet effect)."
In his obsessive quest to condemn "the treachery of images", Magritte revealed their pellicular nature, overlapping and interweaving planes, backgrounds, figures and textures. Rejecting the initial Surrealist idea of a fantastical, hallucinatory image that would override reason, Magritte paved the way for a mental image honed to become poetically fulfilling.

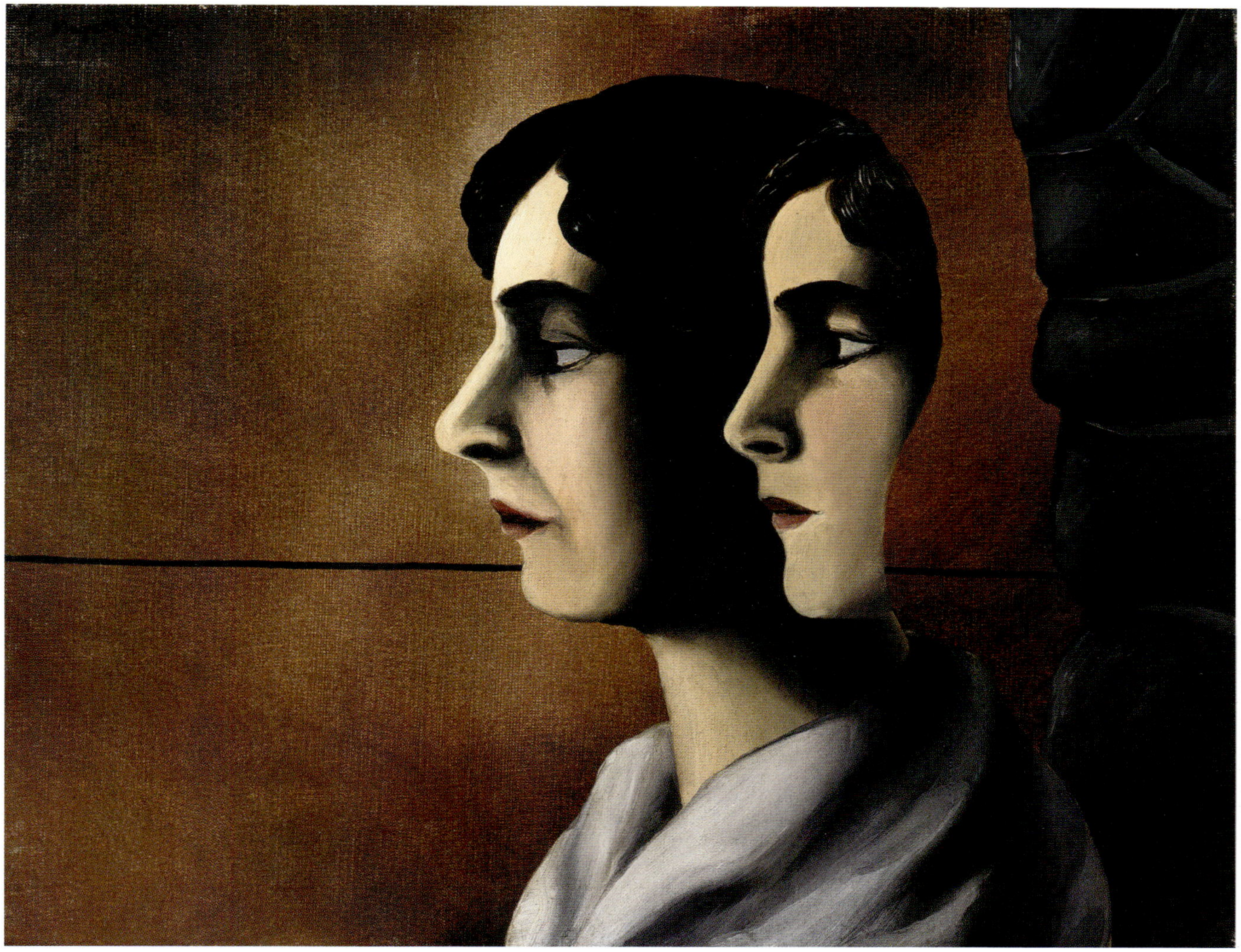

Les Regards perdus
[Faraway Looks], 1927-1928
Huile sur toile, 50 × 65 cm
Collection particulière, Belgicue

« On ne peut pas dire avec certitude, d'après l'ombre d'un objet, ce que celui-ci est en réalité. (Par exemple : une ombre d'oiseau peut être obtenue en ombres chinoises par une certaine disposition des mains et des doigts.) »

"One cannot deduce with certainty from the shadow of an object what that object actually is. (For example: the form of a bird can be obtained by holding your hands and fingers in a particular way to create a shadow puppet effect)."

Le Principe d'incertitude
[The Uncertainty Principle],
1944
Huile sur toile, 65 × 50 cm
Collection particulière

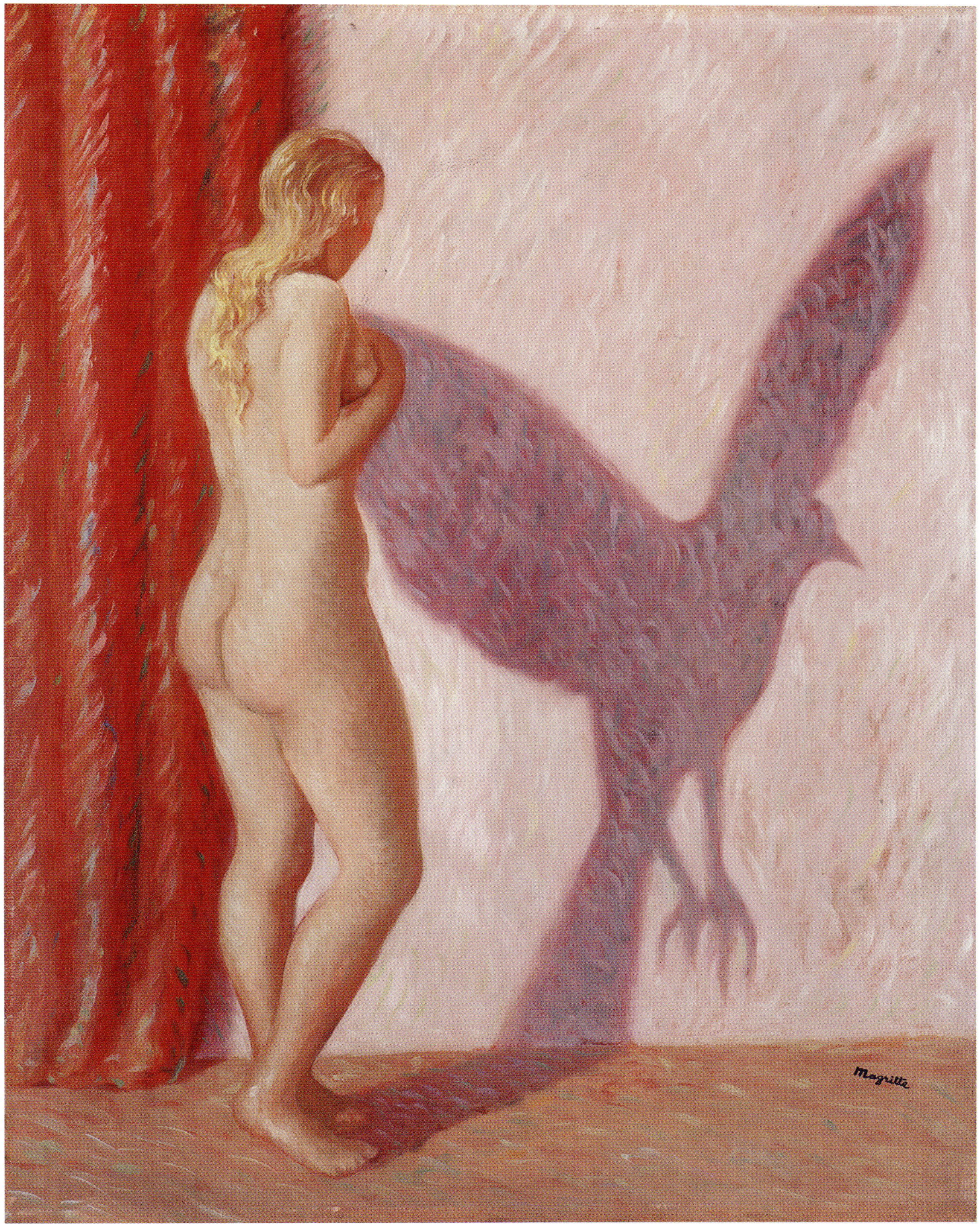
Magritte

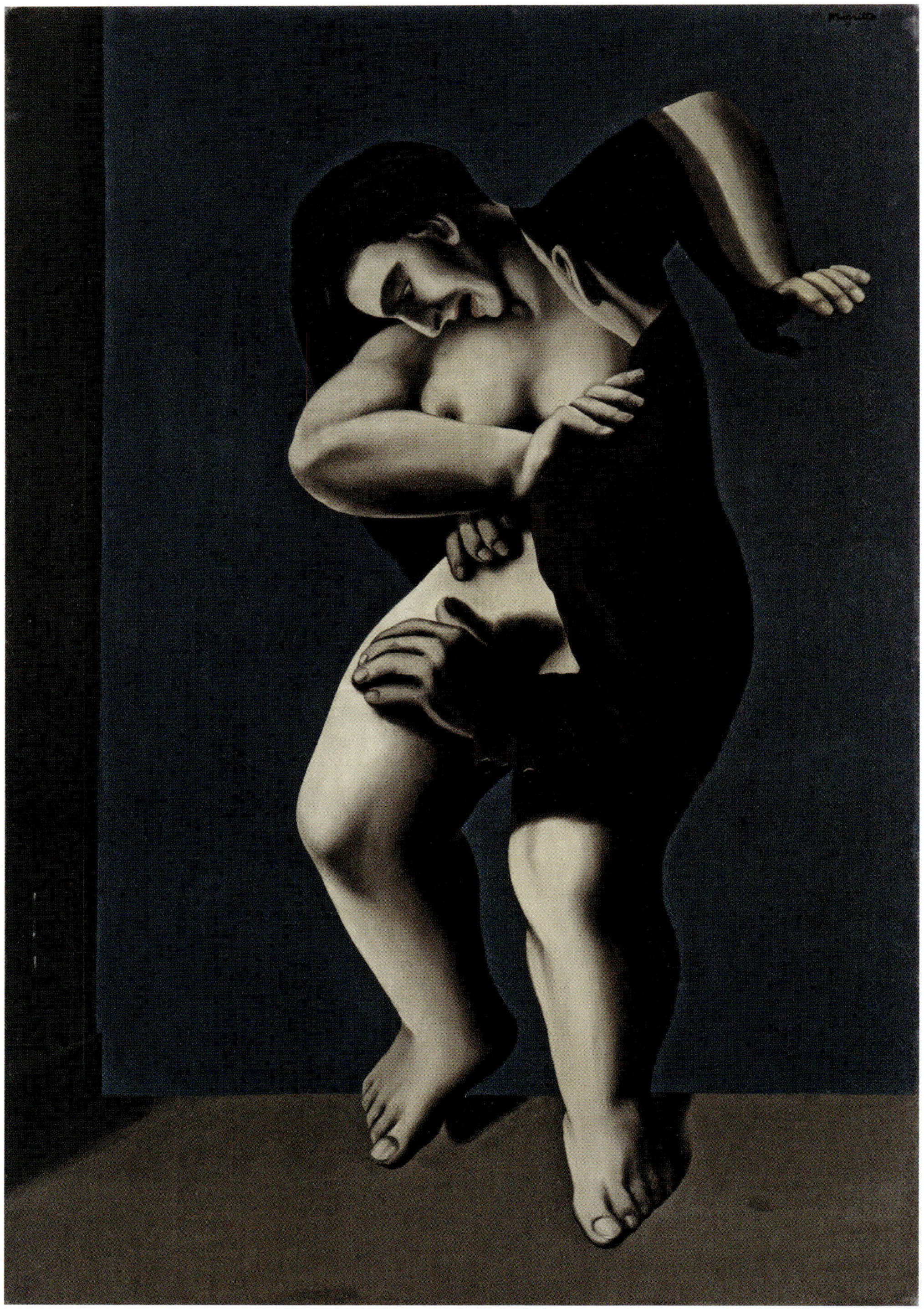

Les Jours gigantesques
[The Titanic Days], 1928
Huile sur toile, 116 × 80,8 × 2,8 cm
Kunstsammlung
Nordrhein-Westfalen, Düsseldorf.
Erworben 1995 mit Unterstützung des Ernst
von Siemens-Kunstfonds, der Kulturstiftung
der Länder und der Kunststiftung NRW

« Mes tableaux sont des pensées visibles. Ces pensées sont formées exclusivement par les figures que le monde m'offre. Ces figures sont réunies dans un ordre qui évoque le mystère. Ma conception de l'art de peindre ne consiste pas pour moi à traiter un sujet d'une manière qui serait originale ou fantaisiste. Il s'agit de découvrir quelque chose que l'on puisse décrire avec le plus de précision possible. »

"My canvases are visible thoughts. These thoughts are formed exclusively from figures the world has offered me. The figures are gathered together in an order that is imbued with mystery. My particular conception of the art of painting does not involve treating the subject-matter in an original or fantastical way. The point is to discover something that can be described with the utmost precision."

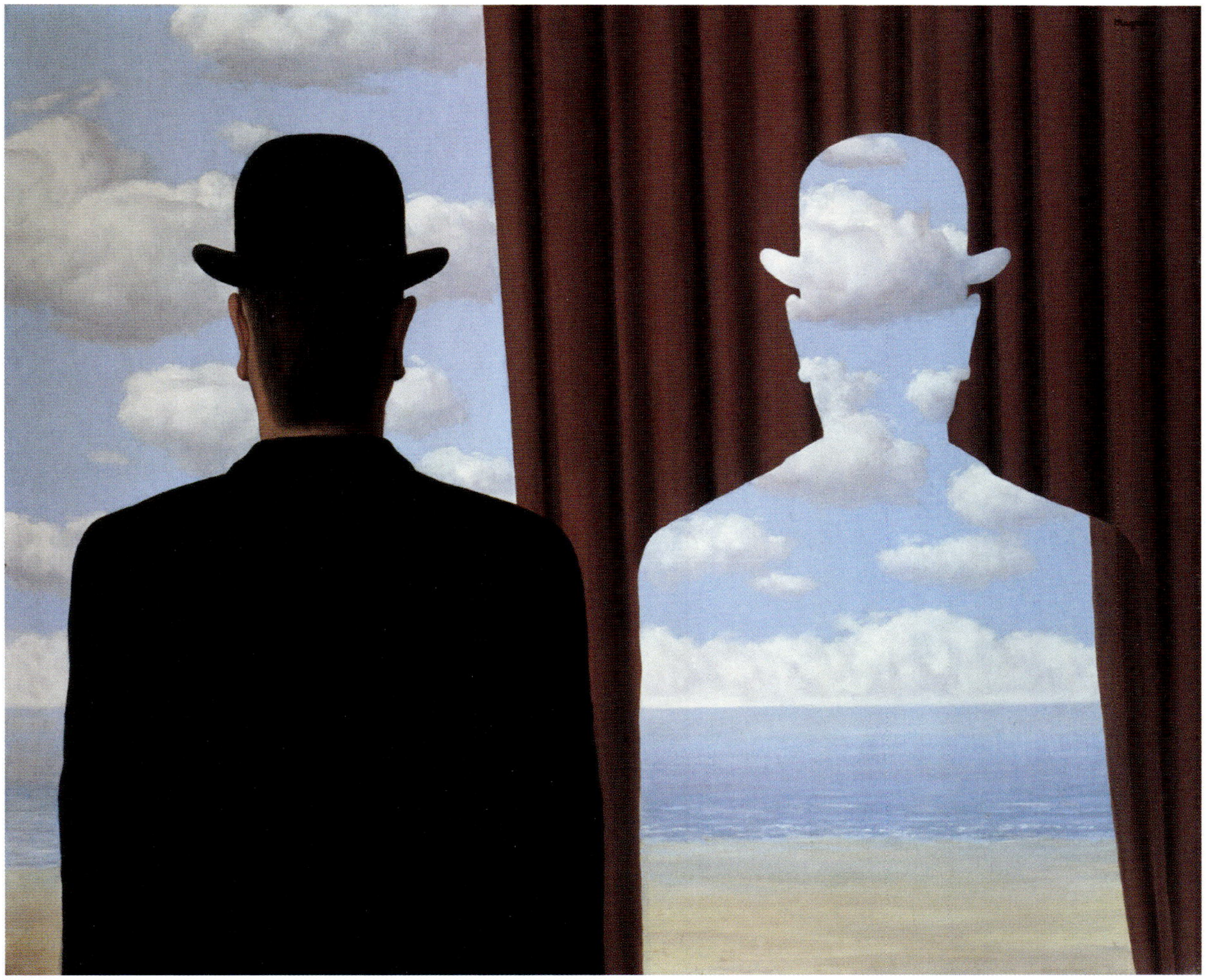

La Décalcomanie
[Decalcomania], 1966
Huile sur toile, 81 × 100 cm
Dr Noémi Perelman Mattis
et Dr Daniel C. Mattis

« Ce n'est pas la manière de peindre qui donne la beauté, mais le sujet lui-même. Je préfère que l'on songe à ce que l'image représente plutôt qu'à l'adresse de la main. Évidemment, si je mets ce bleu sur ce gris, je cherche à ce que cela tienne ensemble. Cela fait partie du métier… »

"Beauty is not achieved through the manner of painting but from the subject itself. I would rather one reflected on what the image represents than on the skill of the gesture. Obviously if I place this particular blue on top of grey it is in the hope that they will go together. It's all part of the job..."

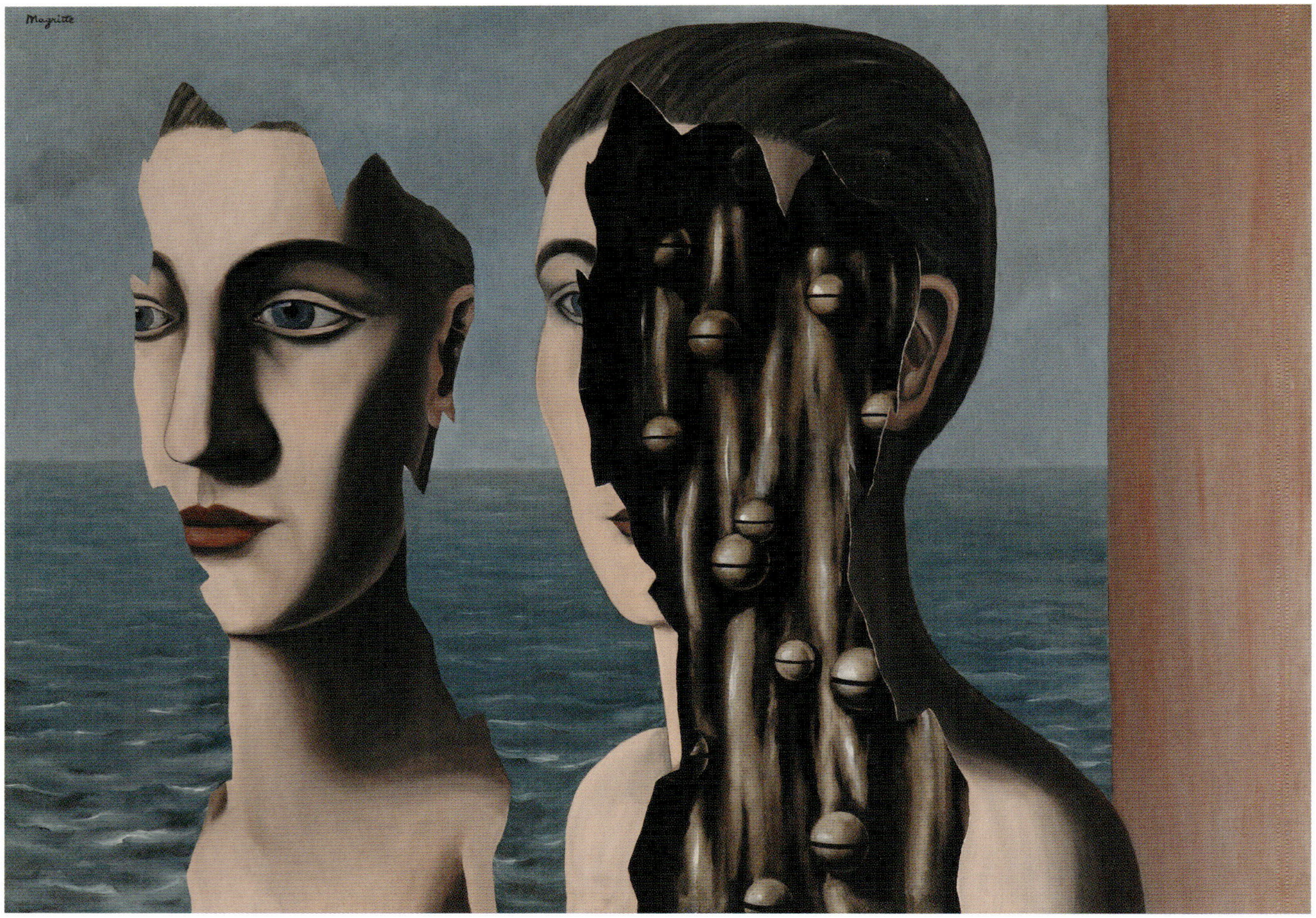

Le Double Secret
[The Secret Double], 1927
Huile sur toile, 114 × 162 cm
Centre Pompidou, Musée national d'art moderne, Paris. Achat, 1980. AM 1980-2

« Ce qu'il faut peindre, c'est l'image de la ressemblance. » « Le "comment peindre" [...] consiste à étendre des couleurs sur une surface de telle sorte que leur aspect effectif s'éloigne. »[1] Poursuivant sa dénonciation des limites de l'image, Magritte engage une pratique réflexive où la peinture elle-même est le sujet du tableau. *La Tentative de l'impossible* radicalise cette réflexion. Donnant un tour neuf au récit de Pline l'Ancien comme à celui de Pygmalion et Galatée, Magritte se représente occupé à dépeindre *ex nihilo* une Georgette encore inachevée. Par ce stratagème, il prévient le spectateur du piège de l'illusionnisme et tourne en dérision un académisme qui a voulu faire de la peinture le miroir de la réalité.

1. René Magritte, « L'art de peindre », dans *Écrits complets*, édition établie et annotée par André Blavier, Paris, Flammarion, 2009 (1re édition 1979), p. 510.

"What one must paint is the image of resemblance." "The 'how to paint' [...] entails spreading colours across a surface in such a way as to distance their effective aspect."[1] Pursuing his criticism of the limitations of the image, Magritte developed a reflective practice in which painting was to become the actual subject-matter of the painting. *Attempting the Impossible* radicalises this reflection. Adding a new twist to the tales of Pliny the Elder and Pygmalion and Galatea, Magritte depicted himself creating *ex nihilo* a work-in-progress of Georgette. A device that allowed him to warn the viewer against the trap of illusionism and deride an academism that had attempted to turn painting into a mirror of reality.

1. René Magritte, "L'art de peindre" [The Art of Painting], *in Écrits complets* [Collected Writings], André Blavier (ed.), Paris, Flammarion, 2009, p. 510.

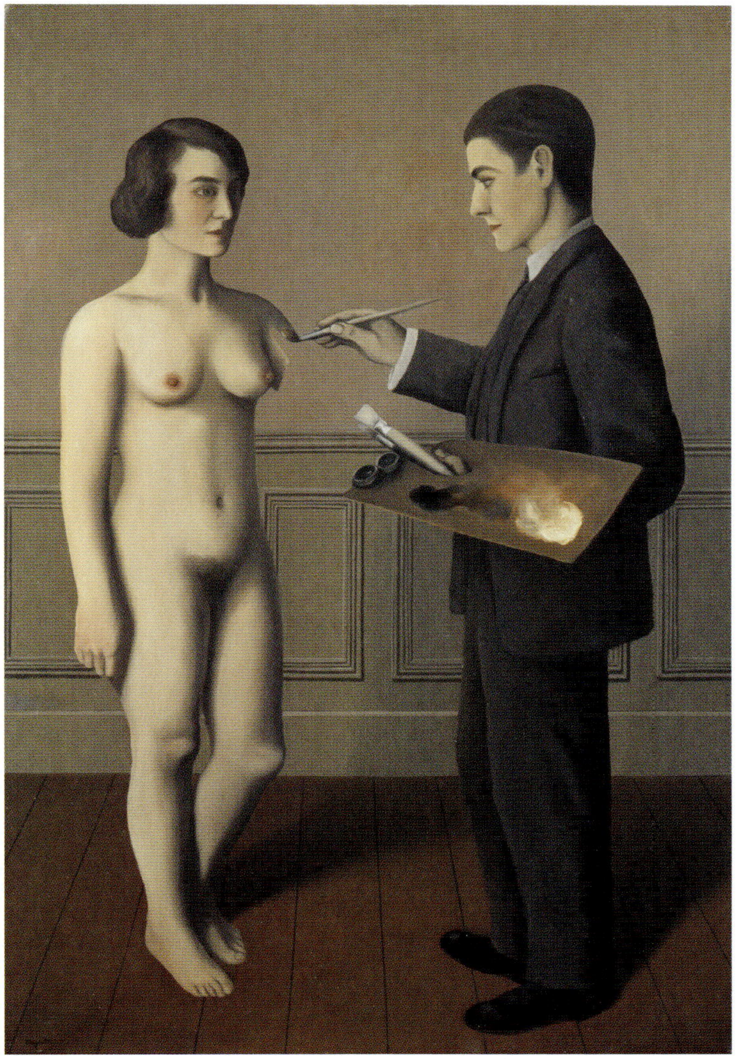

Tentative de l'impossible
[Attempting the Impossible],
1928
Huile sur toile, 116 × 81 cm
Toyota Municipal Museum of Art

La caverne
Feux, simulacres et aveuglements

The Cave
Fire, deception and blindness

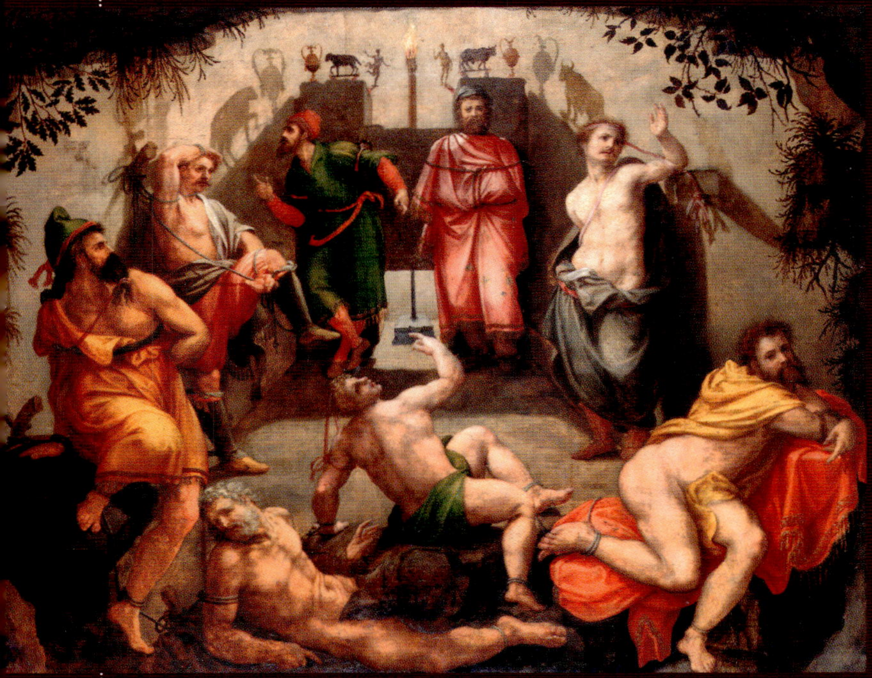

Attribuée à Michiel Coxcie
La Grotte de Platon
[Plato's Cave], milieu du XVIe siècle
Huile sur bois de peuplier, 131 × 174 cm
Musée de la Chartreuse, Douai

Platon avait exposé sa défiance vis-à-vis de l'art et de l'imitation : l'allégorie de la caverne met en scène des hommes qui, enchaînés depuis l'enfance au fond d'une grotte, prennent pour la réalité des ombres projetées sur la paroi. Dans sa réflexion sur l'adéquation des images au réel, Magritte ne pouvait ignorer ce récit philosophique fondateur, qu'il illustre de façon directe à plusieurs reprises.
Dès 1935, la caverne est le décor privilégié des premiers tableaux de la série *La Condition humaine*, qui dénonce le caractère illusoire de la peinture. Multipliant les variations, Magritte transpose le motif de la grotte dans un intérieur, celui des ombres trompeuses dans un tableau. « Je plaçai devant une fenêtre vue de l'intérieur d'une chambre un tableau représentant exactement la partie de paysage recouverte par ce tableau. […] C'est ainsi que nous voyons le monde, nous le voyons à l'extérieur de nous-mêmes, et cependant nous n'en avons qu'une représentation en nous. »
À cette période, définitivement délivré de l'esthétique surréaliste de ses premières œuvres, Magritte s'engage dans une peinture de l'idée.

Plato illustrated his mistrust of art and imitation in his cave allegory, in which men chained up in a grotto since childhood were tricked into thinking that the shadows reflected on the walls were real. In his research into the consistency between images and reality, Magritte could hardly fail to be reminded of this seminal philosophical parable, which he portrayed directly on a number of occasions.
As early as 1935, the cave became the favourite backdrop for the first painting in the series *The Human Condition*, which highlighted the illusory nature of painting. Magritte made variations on this theme, transposing the motif of the cave to an interior and that of the deceptive shadows onto a canvas. "In front of a window seen from the inside of a room, I placed a painting depicting the exact part of the landscape covered by the painting. […] This is how we see the world, we see it outside ourselves, and yet we only have a single representation of it within us."
During that period, having finally shaken off the Surrealist aesthetic of his early works, Magritte opted for a painting of ideas.

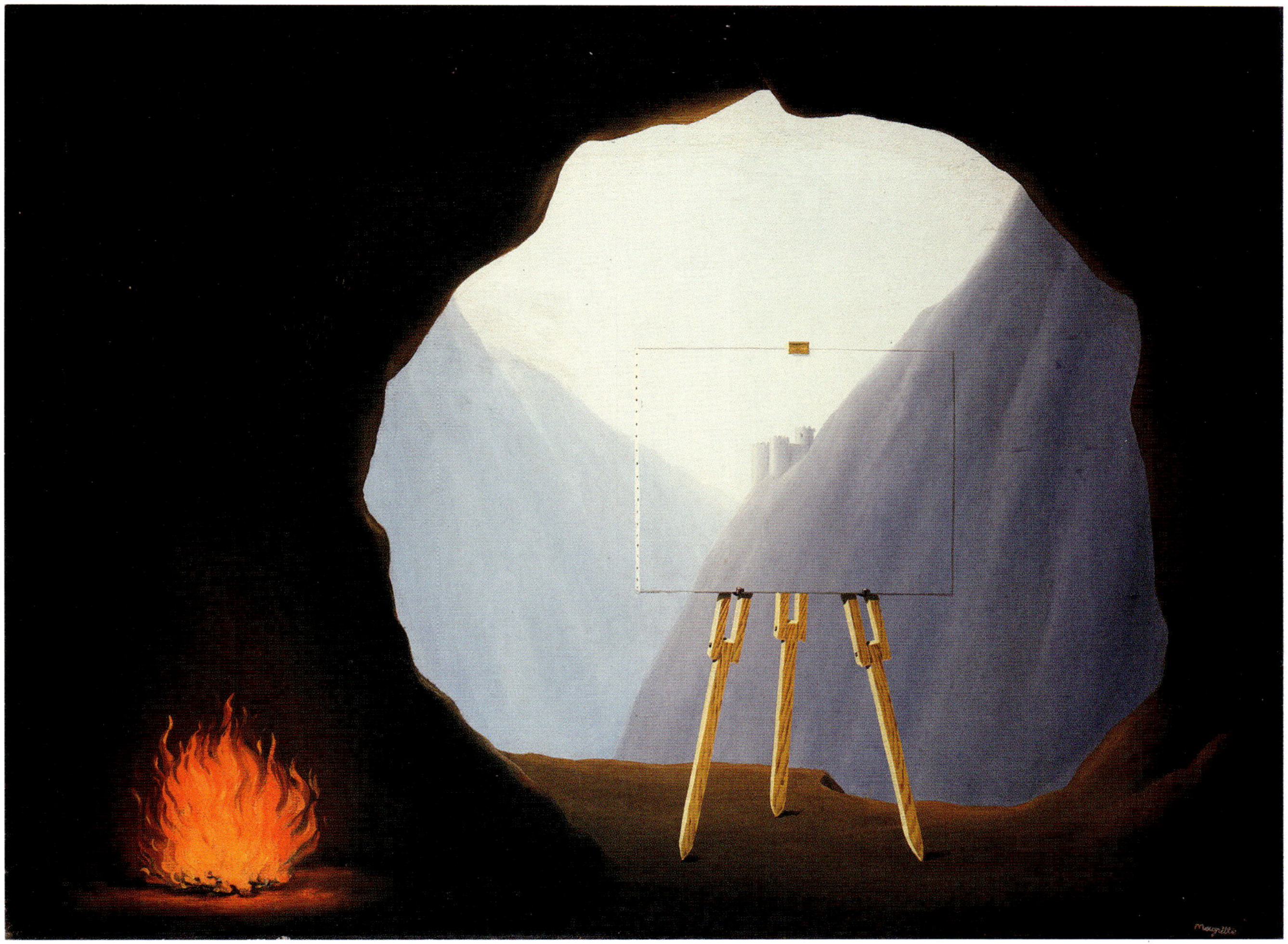

La Condition humaine
[The Human Condition], 1935
Huile sur toile, 54 × 73 cm
Norfolk Museums Service

«[…] le trompe l'œil permet de donner à l'image peinte l'expression de profondeur propre au monde visible, et […] ma peinture doit ressembler au monde pour pouvoir en évoquer le mystère.»

"[…] trompe l'oeil allows one to imbue the painted image with the expression of depth that is the prerogative of the visible world, and […] my painting needs to resemble the world in order to evoke its mystery."

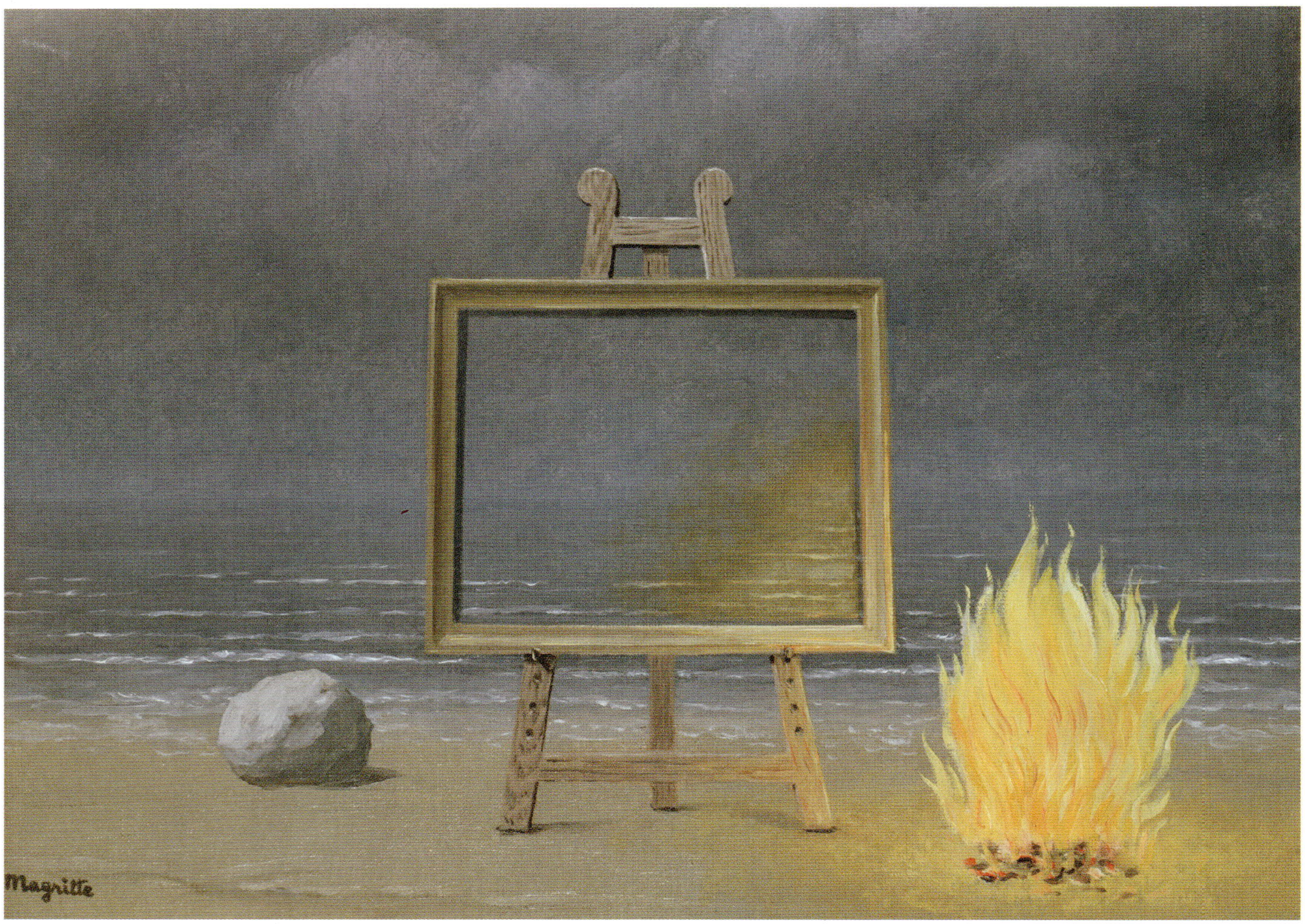

La Belle Captive
[The Fair Captive], vers 1950
Huile sur toile, 30 × 40 cm
Collection particulière, Suisse

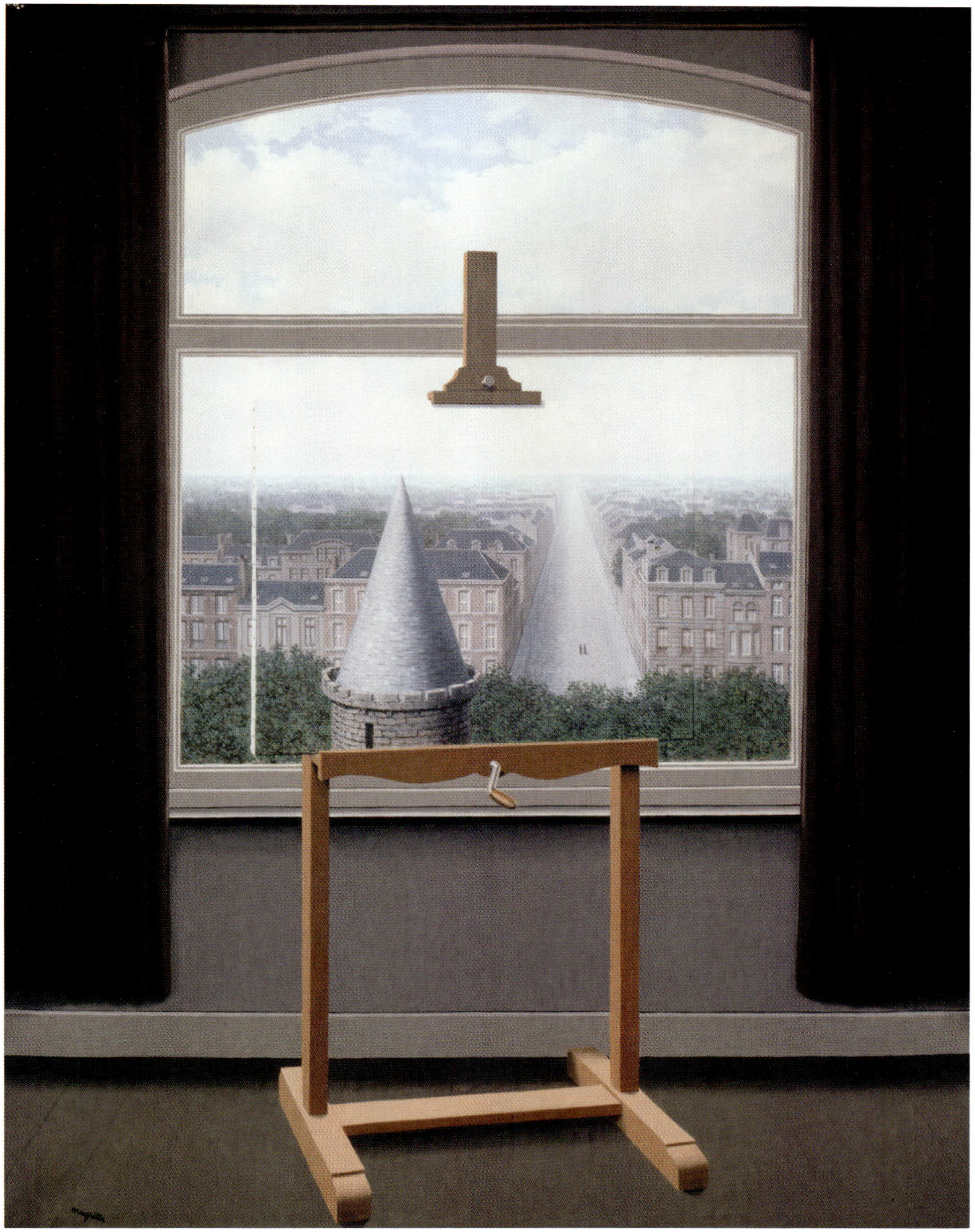

Les Promenades d'Euclide
[Where Euclid Walked], 1955
Huile sur toile, 162 × 130 cm
The Minneapolis Institute of Art, The William Hood Dunwoody Fund

Depuis *De Pictura* écrit en 1436 par Alberti, l'idée du tableau comme « fenêtre ouverte sur le monde » s'est imposée dans l'art occidental. Cette comparaison assigne à la peinture la faculté de reproduire la perspective et la *mimesis*, l'imitation. C'est cette conception de l'art comme reproduction parfaite de la réalité que Magritte fait ici voler en éclats. Avec *La Clef des champs*, il revient sur le « problème de la fenêtre », abordé trois ans plus tôt avec *La Condition humaine*. Ici, un intérieur bourgeois a remplacé la caverne, et une vitre brisée le tableau posé sur un chevalet. La réflexion de l'artiste, portée à son accomplissement, est pourtant la même : en laissant penser que ce que l'on voyait autrefois sur le verre n'était pas le paysage extérieur mais un leurre, Magritte continue à condamner le caractère mensonger de la peinture.

Ever since Alberti's *De Pictura*, written in 1436, the idea of a canvas as "an open window on the world" has formed one of the cornerstones of Western art. The comparison grants painting the ability to reproduce perspective and mimesis or imitation. It is this conception of art as a perfect reproduction of reality that Magritte is determined to shatter here. In *The Key of the Fields*, he returns to the "problem of the window" first tackled in *The Human Condition*. Here a bourgeois interior has replaced the cave and a broken window the canvas on its easel. And yet the conclusion drawn by the artist, which reaches its apotheosis here, is the same; by leading us to believe that what we once saw through glass was not the outside landscape but a hoax, Magritte is upholding his condemnation of the false nature of painting.

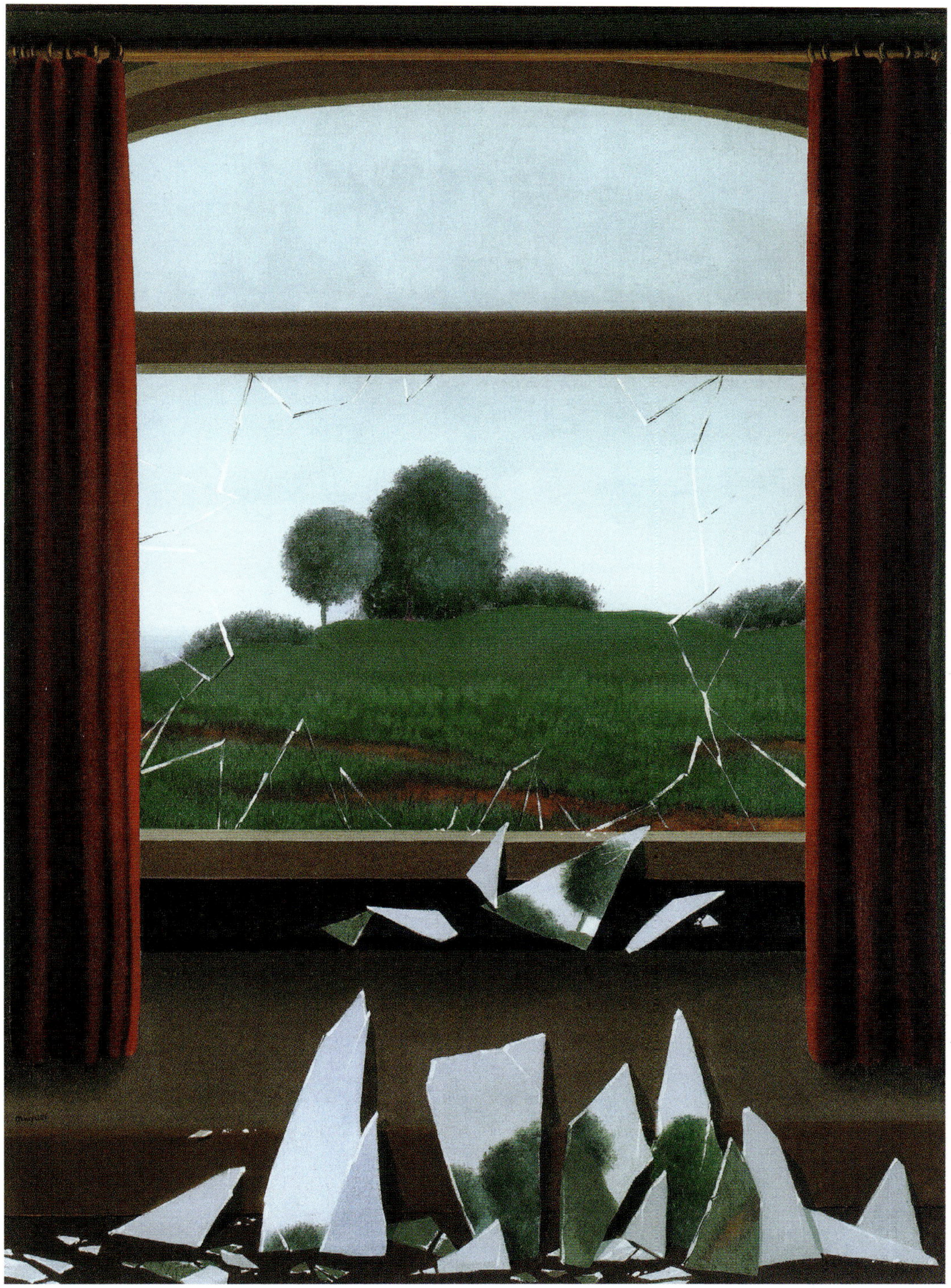

La Clef des champs
[The Key of the Fields], 1936
Huile sur toile, 81 × 60 cm
Museo Thyssen-Bornemisza, Madrid

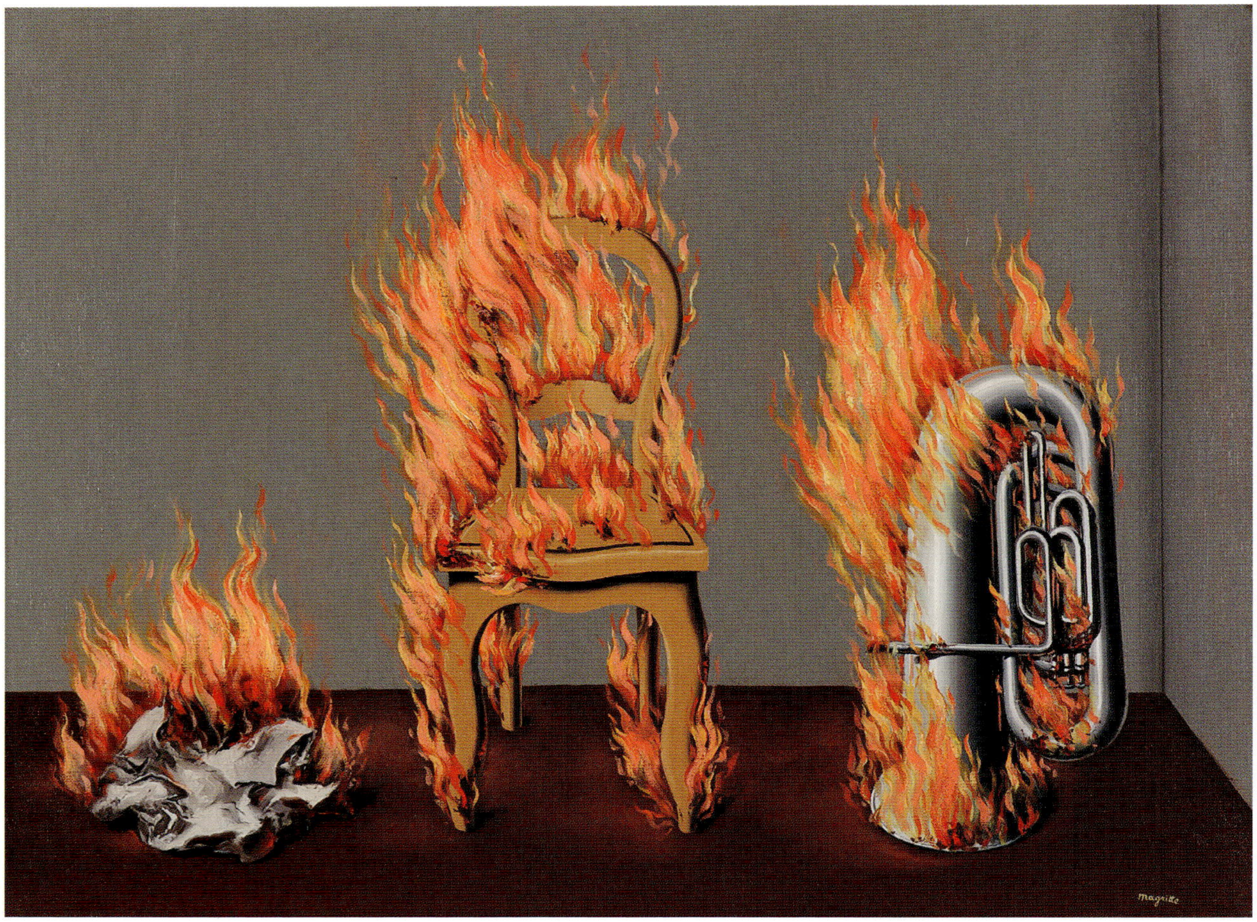

L'Échelle du feu
[The Ladder of Fire], 1934
Huile sur toile, 54 × 73 cm
Collection particulière, courtesy
Guggenheim, Asher Associates

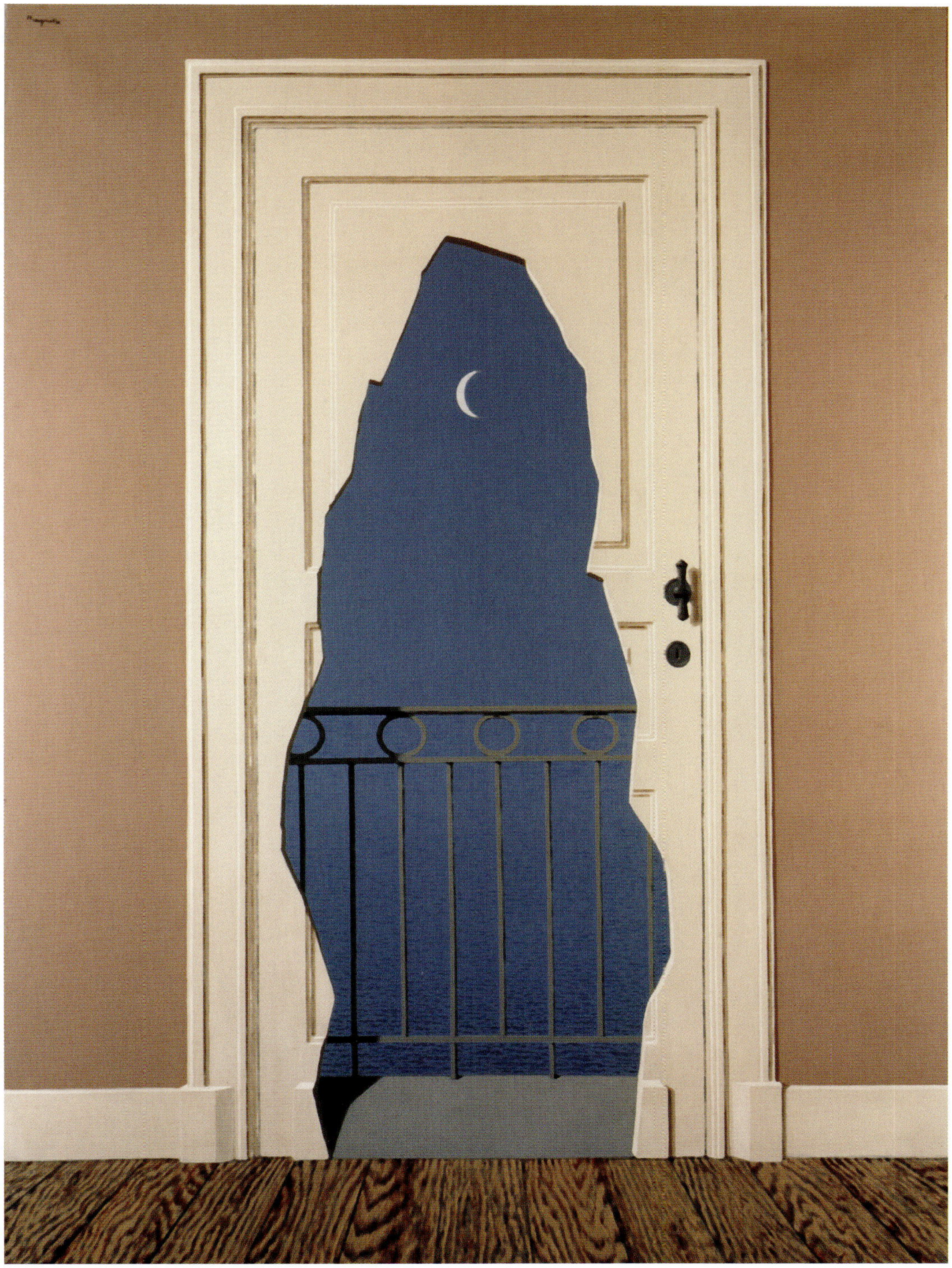

L'Acte de foi
[The Act of Faith], 1960
Huile sur toile, 130 × 97 cm
Collection particulière

Las de l'orientation pessimiste empruntée par le surréalisme, Magritte propose dès 1946 un nouveau « surréalisme en plein soleil » animé par la notion de plaisir et inspiré par la touche solaire des impressionnistes. Le résultat ne se fait pas attendre : l'année suivante, il est « excommunié » par André Breton du groupe surréaliste. Dès 1948, il profite de l'opportunité que lui donne la Galerie du Faubourg d'exposer ses œuvres récentes pour offrir une réplique cinglante à ce parisianisme prétentieux. Les quinze peintures et les dix dessins brossés à la hâte, accompagnés d'un texte pastiche de Louis Scutenaire, « Les pieds dans l'plat », provoquent l'effet escompté : le cénacle surréaliste s'offusque de cette plaisanterie, qui désarçonne le public autant que la critique. Dans le livre d'or de l'exposition, Paul Eluard note un acerbe « rira bien qui rira le dernier ». Les personnages de *La Famine*, grotesques, directement inspirés de l'imagerie populaire des *Pieds Nickelés*, semblent prendre part à cette farce. *Le Stropiat* [repr. p. 5] devient quant à lui l'icône de cette période, un très probable autoportrait qui observe avec distance et ironie le sérieux d'un surréalisme dans lequel Magritte ne se reconnaît plus.

In 1946, Magritte's disillusionment with the pessimist bias of the Surrealists led him to forge a new "Surrealism in Full Sunlight", driven by the notion of pleasure and inspired by the solar overtones of the Impressionists. The repercussions were not long in coming: the very next year he was 'excommunicated' from the Surrealist group by André Breton. In 1948, he made the most of the opportunity offered by the Galerie du Faubourg to show his latest works and delivered a scathing riposte to this pretentious Parisianism. The fifteen rapidly executed paintings and ten drawings, accompanied by a pastiche text by Louis Scutenaire, "Les pied dans l'plat", had the desired effect: the inner circle of Surrealists took umbrage at the joke, which disconcerted the public as much as the critics. In the visitors' book of the exhibition, Paul Eluard penned an acerbic "he who laughs last laughs longest". The grotesque characters featured in *Famine*, directly inspired by the popular imagery of cack-handed crooks in the *Pieds Nickelés* comics, seem to be participating in this farce. *The Cripple* [repr. p. 5], for its part, becomes the icon of the period – a probable self-portrait observing with distance and irony the solemnity of a Surrealism with which Magritte could no longer identify.

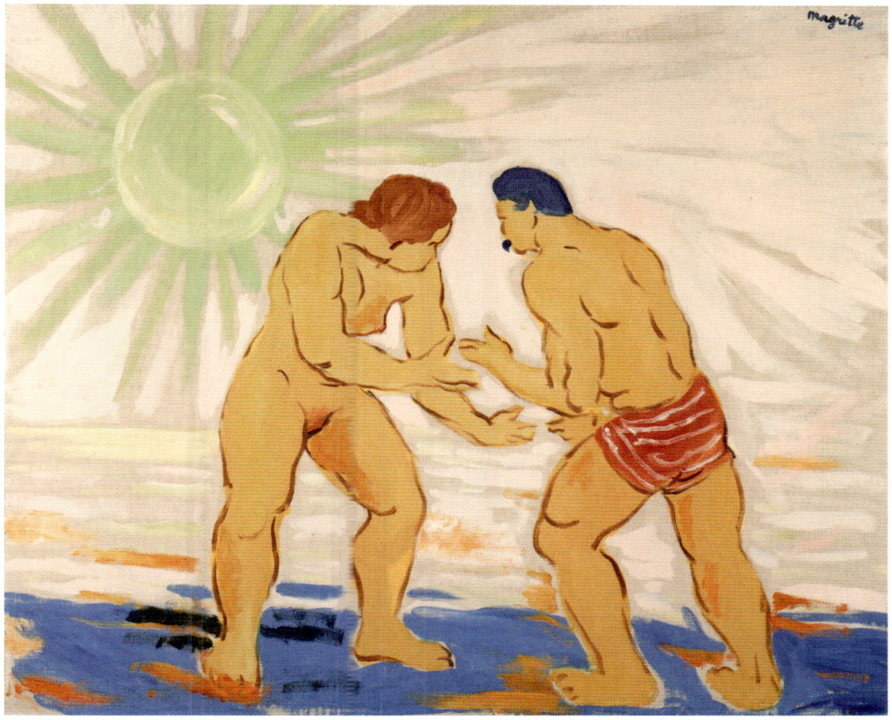

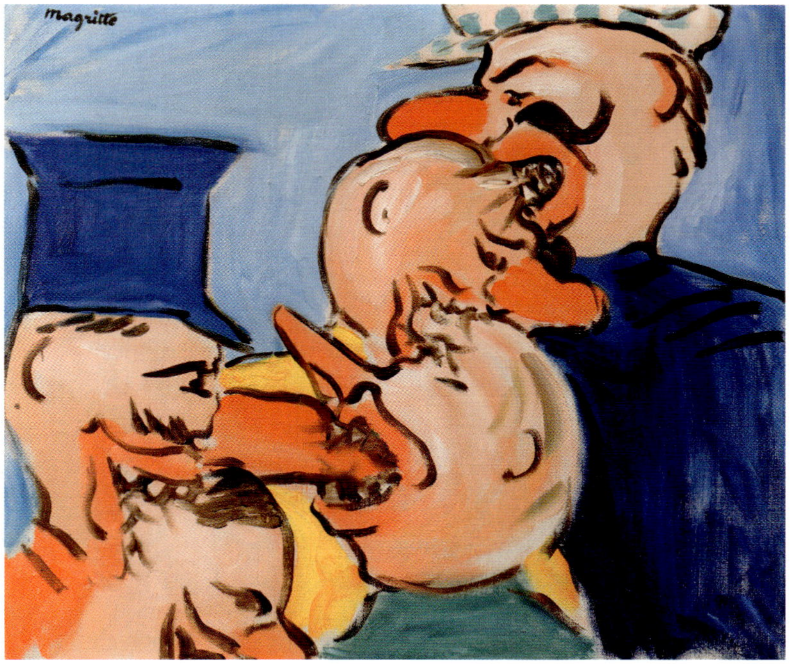

La Vie des insectes
[The Life of Insects], 1947
Huile sur toile, 81,5 × 100 cm
Musées royaux des beaux-arts de Belgique,
Bruxelles, inv. 11697

La Famine [Famine], 1948
Huile sur toile, 46,5 × 55,5 cm
Musées royaux des beaux-arts de Belgique,
Bruxelles, inv. 11696

Zeuxis et Parrhasios
Rideaux et trompe-l'œil

Zeuxis and Parrhasius
Curtains and trompe-l'œil

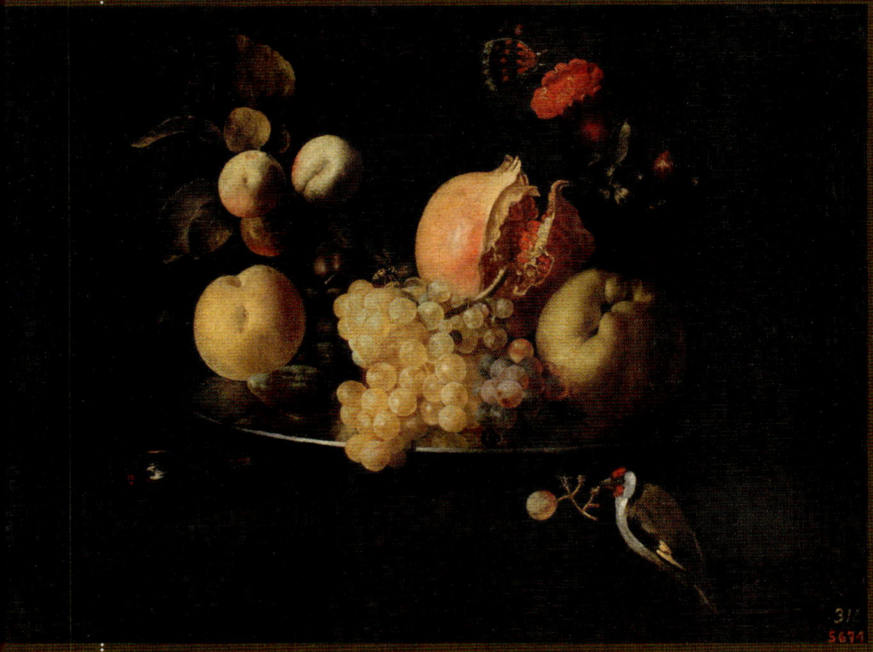

Juan de Zurbarán
(Naturaleza muerta con fruta y jilguero)
[Nature morte aux fruits et chardonneret]
[Still Life with Fruit and Goldfinch], 1639-1640
Huile sur toile, 40 × 57 × 1,5 cm
MNAC. Museu Nacional d'Art de Catalunya, Barcelone

En peignant des rideaux au-devant de leur toile, les maîtres flamands démontraient leur habileté dans la pratique du trompe-l'œil et affirmaient le rôle réflexif de la peinture. Ils empruntaient ce stratagème au peintre antique Parrhasios, qui, ajoutant un rideau devant la nature morte de son rival Zeuxis, révélait sa virtuosité en réalisant une représentation si parfaite qu'elle pouvait se faire passer pour vraie. Cette dénonciation du caractère illusionniste et artificiel des images ne pouvait qu'intéresser Magritte. Observant que les ombres, la lumière et l'horizon font de la réalité une abstraction aussi grande que la peinture, il ne peut que constater : « Je pouvais voir le monde comme s'il était un rideau placé devant mes yeux. » Métaphore de ses doutes à l'égard de la peinture comme de la réalité, le motif du rideau apparaît dès 1925. Dans ces premières œuvres surréalistes, les imposants voilages rouges qui encadrent les toiles les désignent comme étant un théâtre, un espace fictif et fallacieux.

By painting curtains in front of their canvases, the Flemish masters were displaying a talent for the art of trompe-l'œil and highlighting the reflective role of painting. They owed this stratagem to the ancient Greek painter Parrhasius, who placed a curtain in front of a still life by his rival Zeuxis, demonstrating such virtuosity in its faultless representation that it could be mistaken for the real thing. Magritte could only be attracted by this criticism of the illusionist, artificial nature of images. His observation that shadows, light and the horizon turned reality into as great an abstraction as painting itself inevitably led him to the realisation that "I could see the world as though it were a curtain drawn before my eyes." As a metaphor for the doubts raised by both painting and reality, he first used the motif of the curtain back in 1925. In his first Surrealist works, the imposing red net drapes framing his canvases evoked the theatre, a fictional and fallacious place.

«[...] par exemple, ici le ciel est en forme de rideau parce qu'il nous cache quelque chose. Nous sommes entourés de rideaux.»

"[...] for instance, here the sky is shaped like a curtain because it is hiding something from us. We are surrounded by curtains."

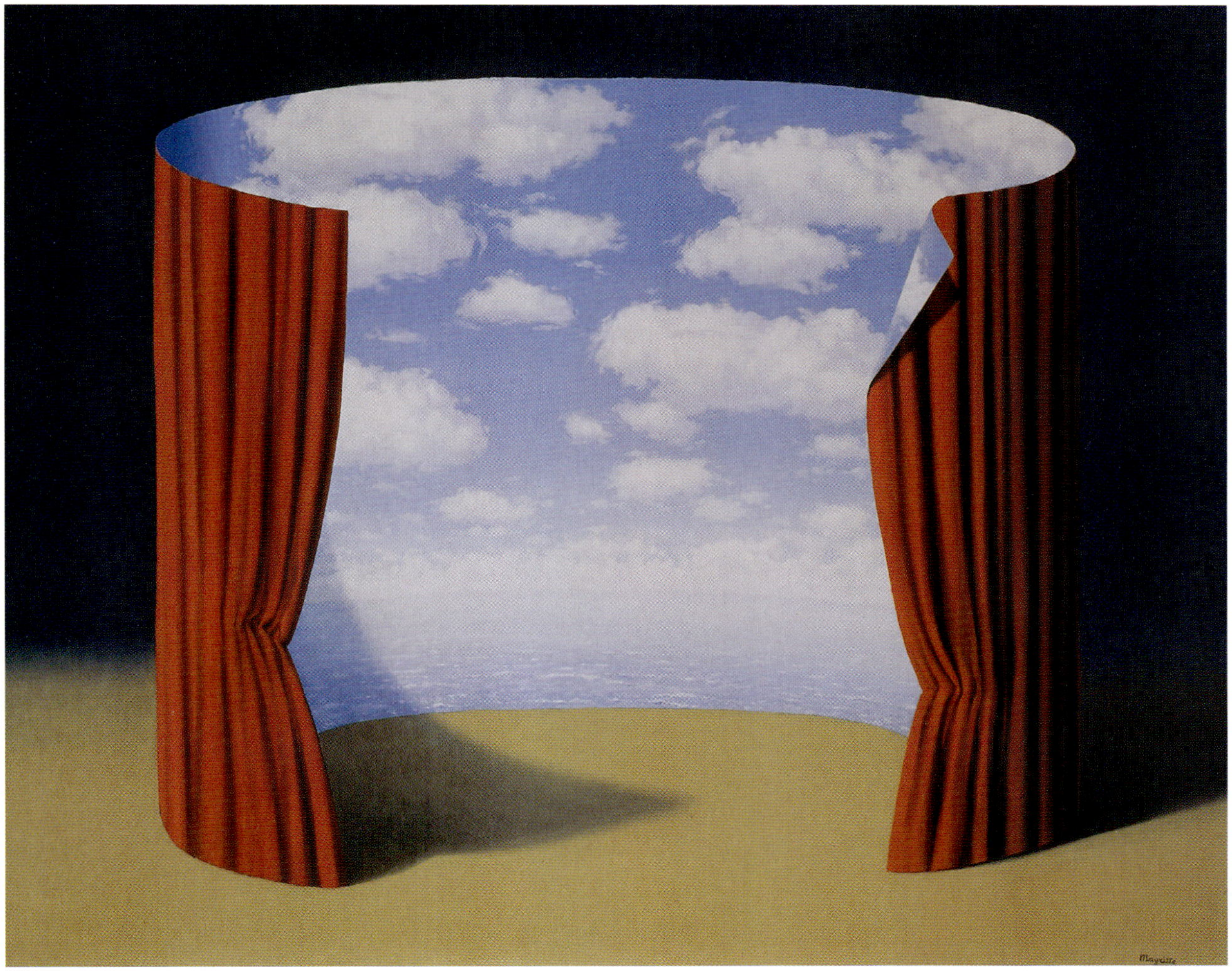

Les Mémoires d'un saint
[The Memoirs of a Saint], 1960
Huile sur toile, 80 × 99,7 cm
The Menil Collection, Houston

« L'art de peindre, tel que je le conçois, n'est ni facile ni difficile. Je sais qu'à certains moments, des images imprévisibles m'apparaissent et qu'elles sont les modèles de tableaux que j'aime peindre. Ces images me semblent dominer mes idées et mes sentiments bons ou mauvais. Elles les dominent vraiment si elles révèlent le présent comme un mystère absolu. »

"The art of painting, as I see it, is neither easy nor difficult. I know that at certain times unforeseen images appear and these are the models for the canvases I enjoy painting. It seems to me that these images control my ideas and feelings, both good and bad. They truly control them if they reveal the present as an absolute mystery."

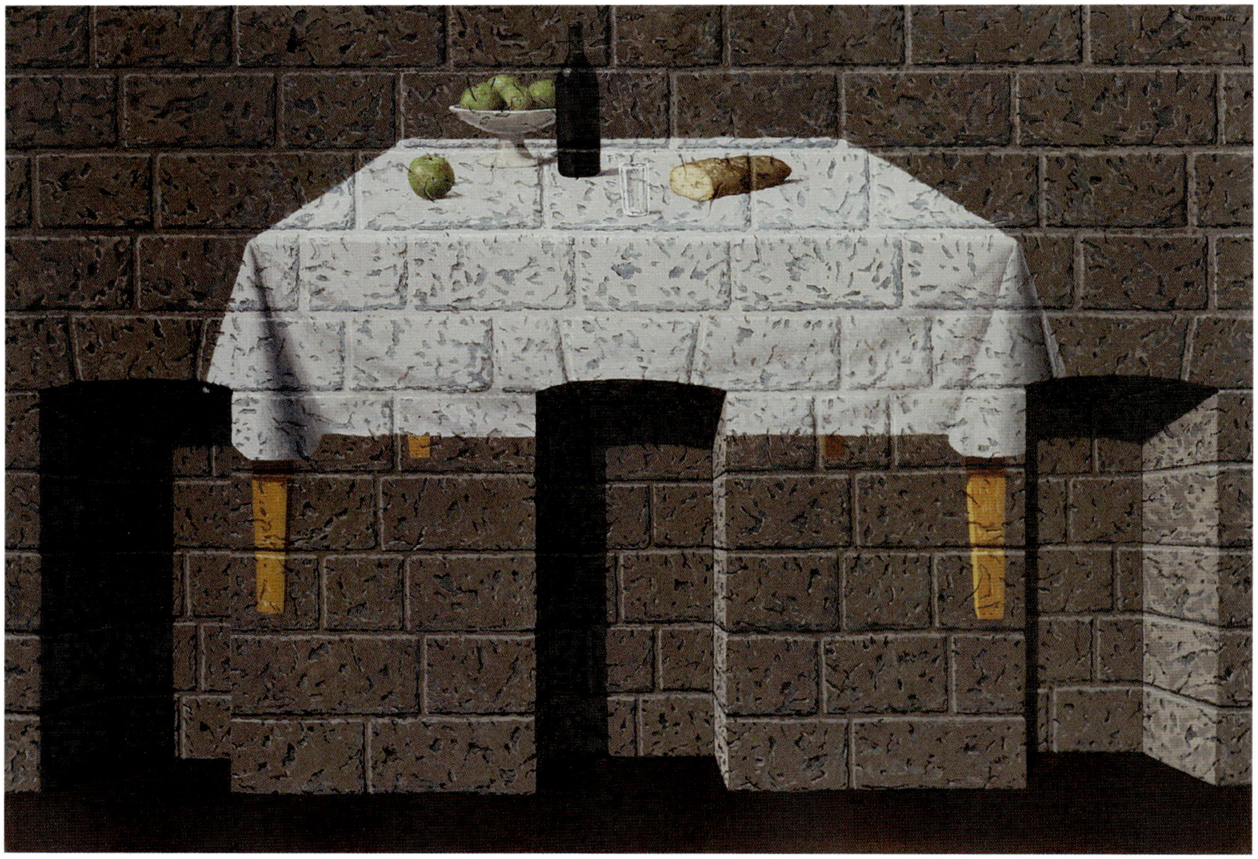

L'Aimable Vérité
[The Endearing Truth], 1966
Huile sur toile, 88,9 × 130,2 cm
The Menil Collection, Houston

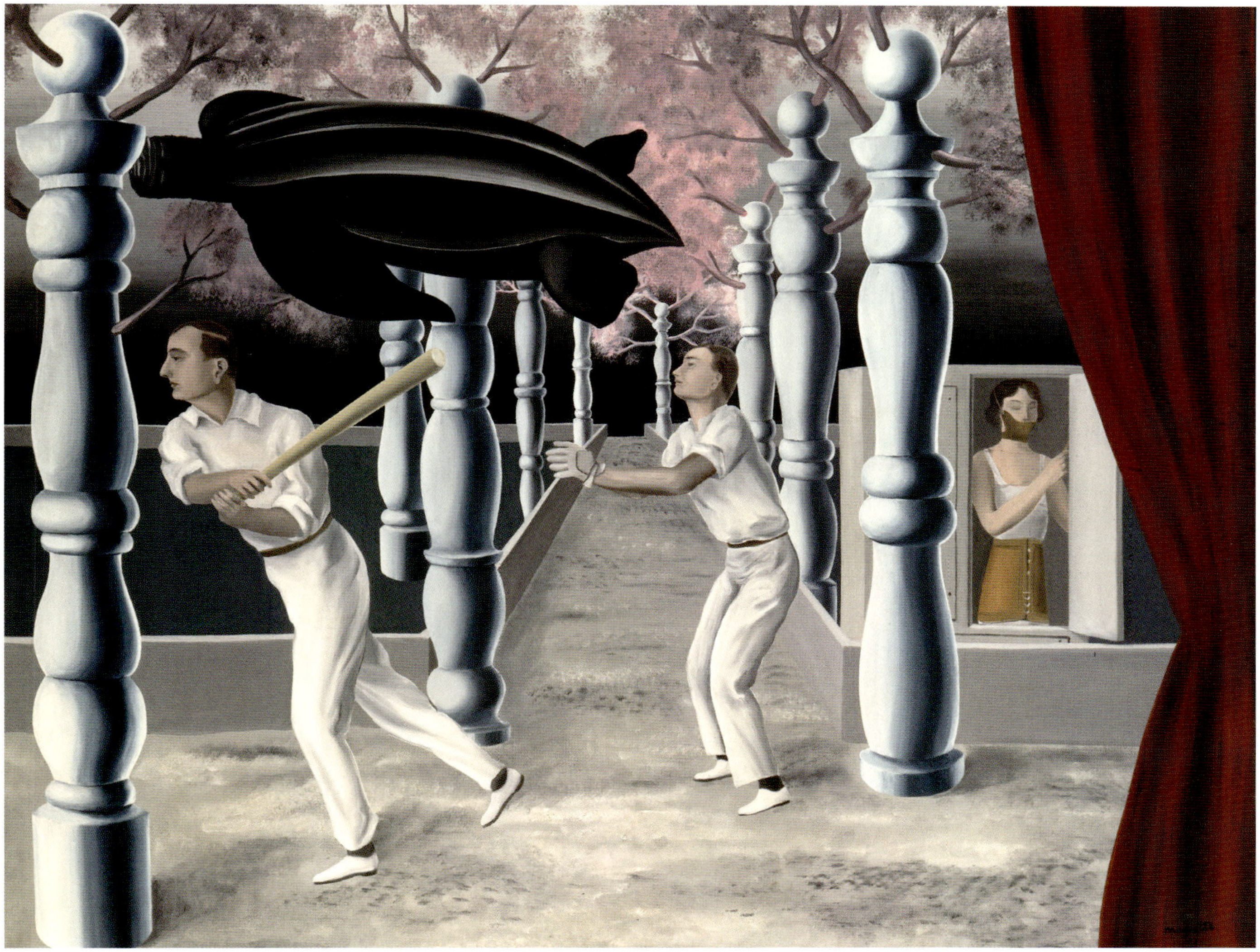

Le Joueur secret
[The Secret Player], 1927
Huile sur toile, 152 × 195 cm
Musées royaux des beaux-arts de Belgique, Bruxelles, inv. 11631

Nourri de lectures philosophiques, Magritte a fait le choix d'une peinture de l'esprit. Dans cet ultime chef-d'œuvre, il poursuit ses réflexions sur le visible, l'invisible et la dissimulation. En effet, il propose une véritable énigme visuelle qui force le spectateur à une lente reconstitution de l'image : ce qui devrait être caché par les arbres est apparent, tandis que l'encolure du cheval est occultée par les frondaisons de l'arrière-plan. Constatant que les obstacles visuels, à l'instar des rideaux, dissimulent des réalités, Magritte s'emploie à une distinction entre pensée et visibilité : « Des choses visibles peuvent être invisibles. Lorsque quelqu'un passe à cheval dans une forêt, d'abord vous les voyez, puis vous ne les voyez plus, mais vous savez qu'ils sont là. [...] j'utilise la peinture pour rendre visible la pensée. »

Inspired by his extensive philosophical readings, Magritte chose to develop an art of the mind. His final masterpiece shows him pursuing his reflection on the visible, the invisible and dissimulation. It is up to the viewer to reassemble the pieces of this challenging visual puzzle, in which what should have been concealed by the trees is in fact visible, unlike the horse's neck which remains hidden by the background foliage. Working from the premise that visual obstacles such as curtains conceal realities, Magritte was determined to highlight the distinction between thought and visibility: "Visible things can be invisible. When someone rides a horse in the forest, first you see them, then you don't, but you know that they are there. [...] I use painting to make thought visible."

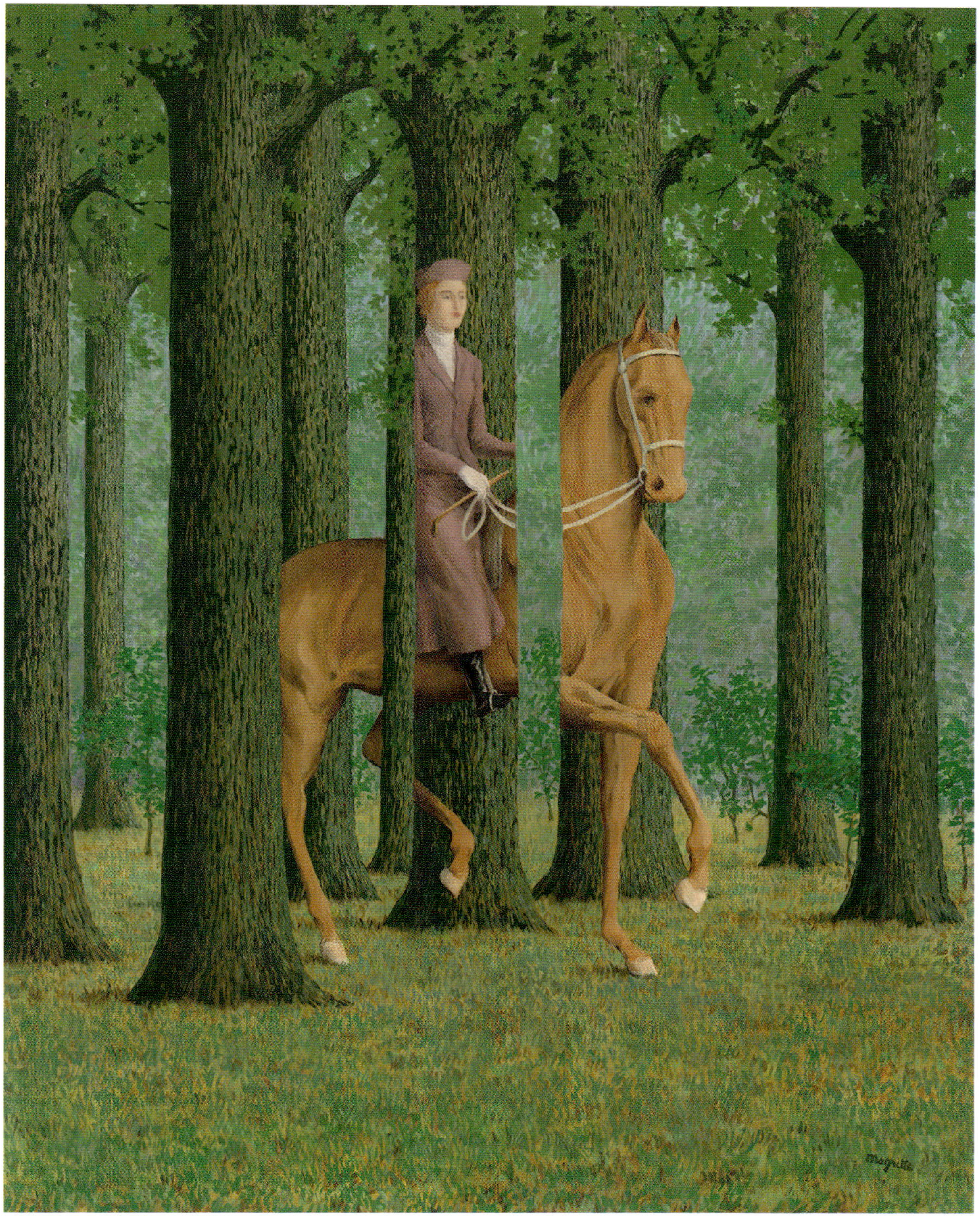

Le Blanc-Seing
[The Blank Signature], 1965
Huile sur toile, 81,3 × 65,1 cm
National Gallery of Art, Washington,
Collection of Mr. and Mrs. Paul Mellon,
1985.64.24

« Dans certains de mes tableaux, la couleur apparaît comme un élément de la pensée. Par exemple, une pensée qui consiste en un corps de femme qui a la même couleur qu'un ciel bleu. Dans d'autres tableaux, la couleur doit toujours faire ressembler davantage les figures peintes aux figures du monde apparent. Il va de soi que la couleur – même quand il s'agit du ciel bleu – intervient dans le tableau pour ressembler davantage au monde, mais qu'en dehors de cela, on peut aussi aimer la couleur du ciel pour elle-même. »

"In some of my paintings, colour appears as an element of thought. A thought that consists of a woman's body with the same colour as a blue sky, for instance. In other works, colour should always make the painted figures resemble figures from the visible world. It goes without saying that colour – even in the case of the blue sky – is introduced into the canvas to achieve greater resemblance with the world, but that apart, one can also appreciate the colour of the sky for its own sake."

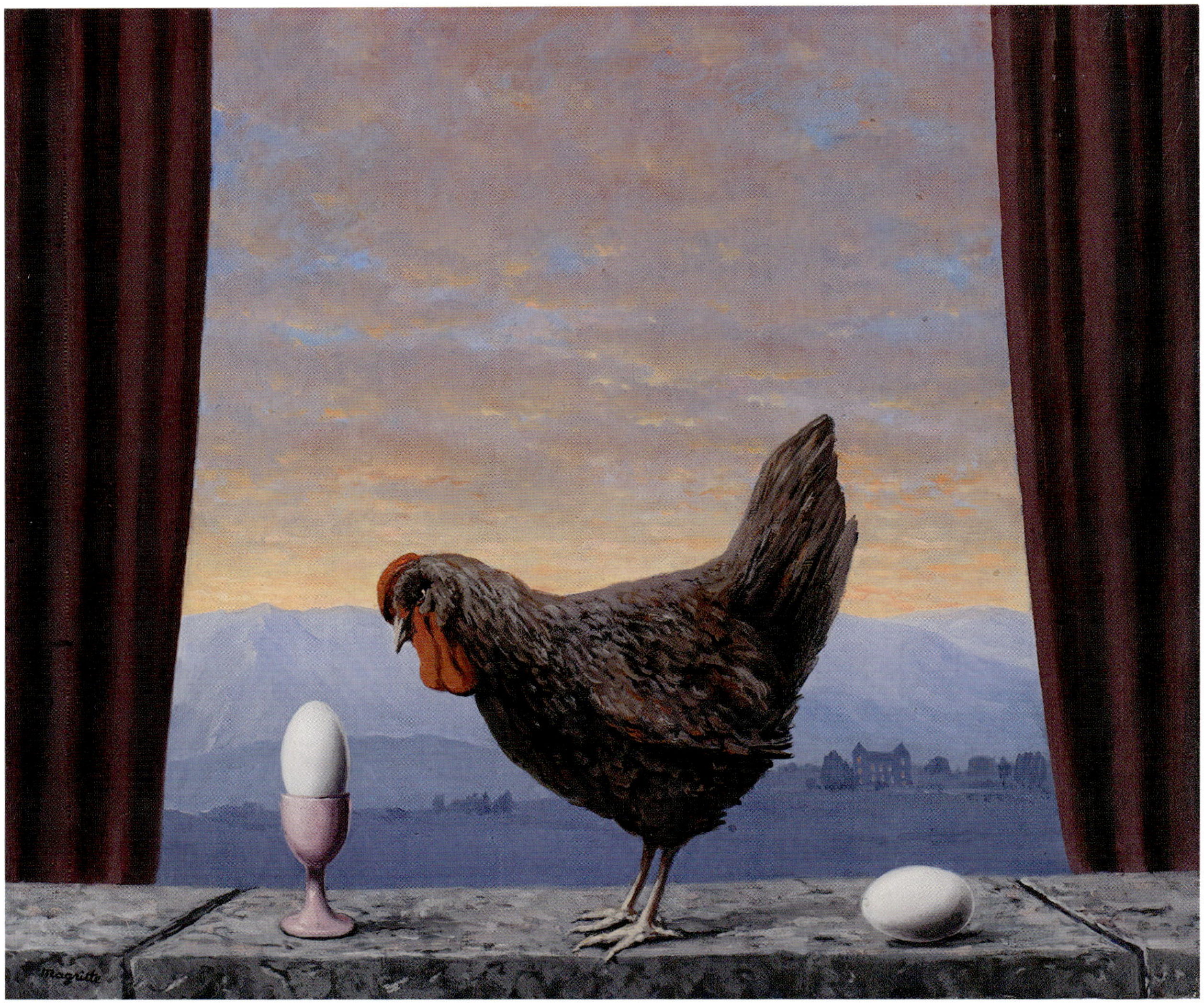

Variante de la tristesse
[A Variation on Sadness], 1957
Huile sur toile, 50,2 × 60,3 cm
Kerry Stokes Collection, Perth

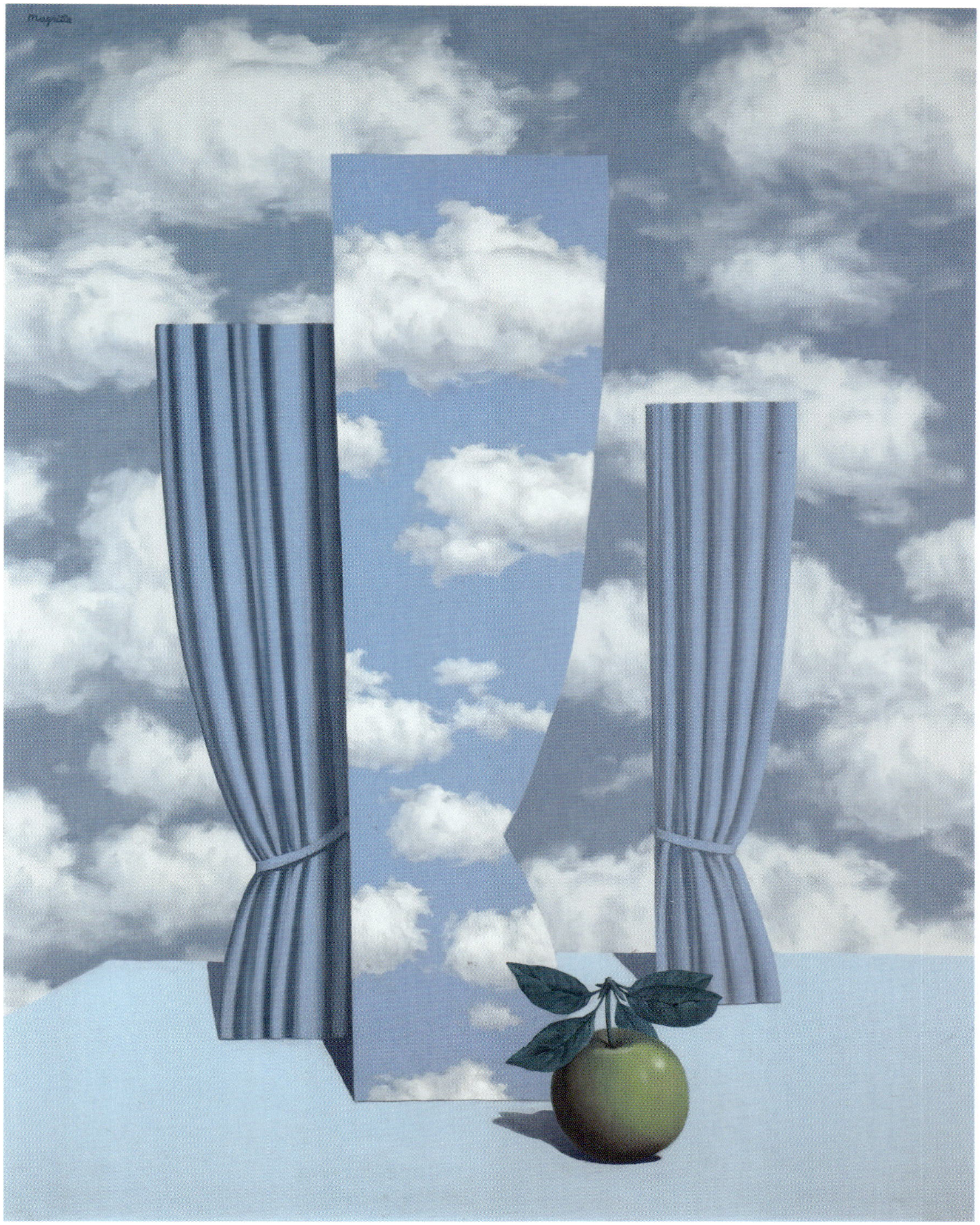

Le Beau Monde
[High Society], 1962
Huile sur toile, 100 × 81 cm
Collection particulière – Care of Sotheby's

Les filles de Crotone
La beauté composite

The Daughters of Croton
Composite beauty

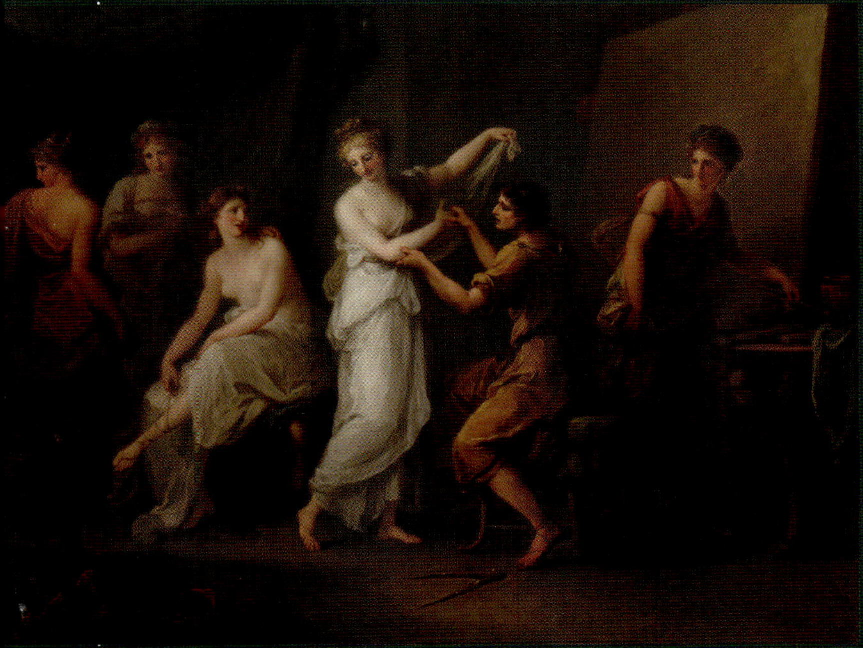

Angelika Kauffmann
Zeuxis choisissant des modèles pour sa peinture d'Hélène [Zeuxis Selecting Models for His Painting of Helen of Troy], 1778
Huile sur toile, 79 × 109,3 cm
Annmary Brown Memorial Collection, Brown University

Invité à Crotone pour concevoir le portrait d'Hélène, Zeuxis demande à ce qu'on lui amène les cinq plus belles jeunes filles de la ville comme autant de modèles, car une seule ne saurait posséder toutes les qualités. Il assemble ensuite les détails les plus charmants de chacune d'elles pour parvenir à une beauté parfaite. L'ambition de Magritte de s'affirmer « moderne » ne pouvait échapper à une remise en cause de la beauté classique. Nourri de l'esthétique dadaïste puis surréaliste du collage, du fragment et de la dissonance, influencé notamment par les découpages de Max Ernst, Magritte donne un tour ironique au récit antique, démantelant les corps à l'envi. En août 1967, son marchand Alexandre Iolas lui suggère de transposer certains de ses motifs en sculpture. Ces œuvres réalisées peu avant la mort de l'artiste constituent une sorte de testament et témoignent mieux que nulle autre du goût du peintre pour cette poétique du fragment.

On his arrival in Croton, where he had been commissioned to paint a portrait of Helen of Troy, Zeuxis requested five beautiful young women from the city to be brought as models, as no single model could do her justice. In his quest for perfect beauty, he assembled the most attractive features from each one. Magritte's determination to be seen as 'modern' inevitably called into question the canons of classical beauty. His experience of Dadaist and later Surrealist aesthetics of collage, fragments and dissonance and the influence of Max Ernst's cut-outs inspired him to lend an ironic twist to the mythological tale through the endless dismantling of bodies. In August 1967, Magritte's art dealer Alexander Iolas suggested transposing some of his works into sculptures. Executed shortly before the artist's death, these works represent in a way his testament and form the ultimate tribute to the poetics of the fragment.

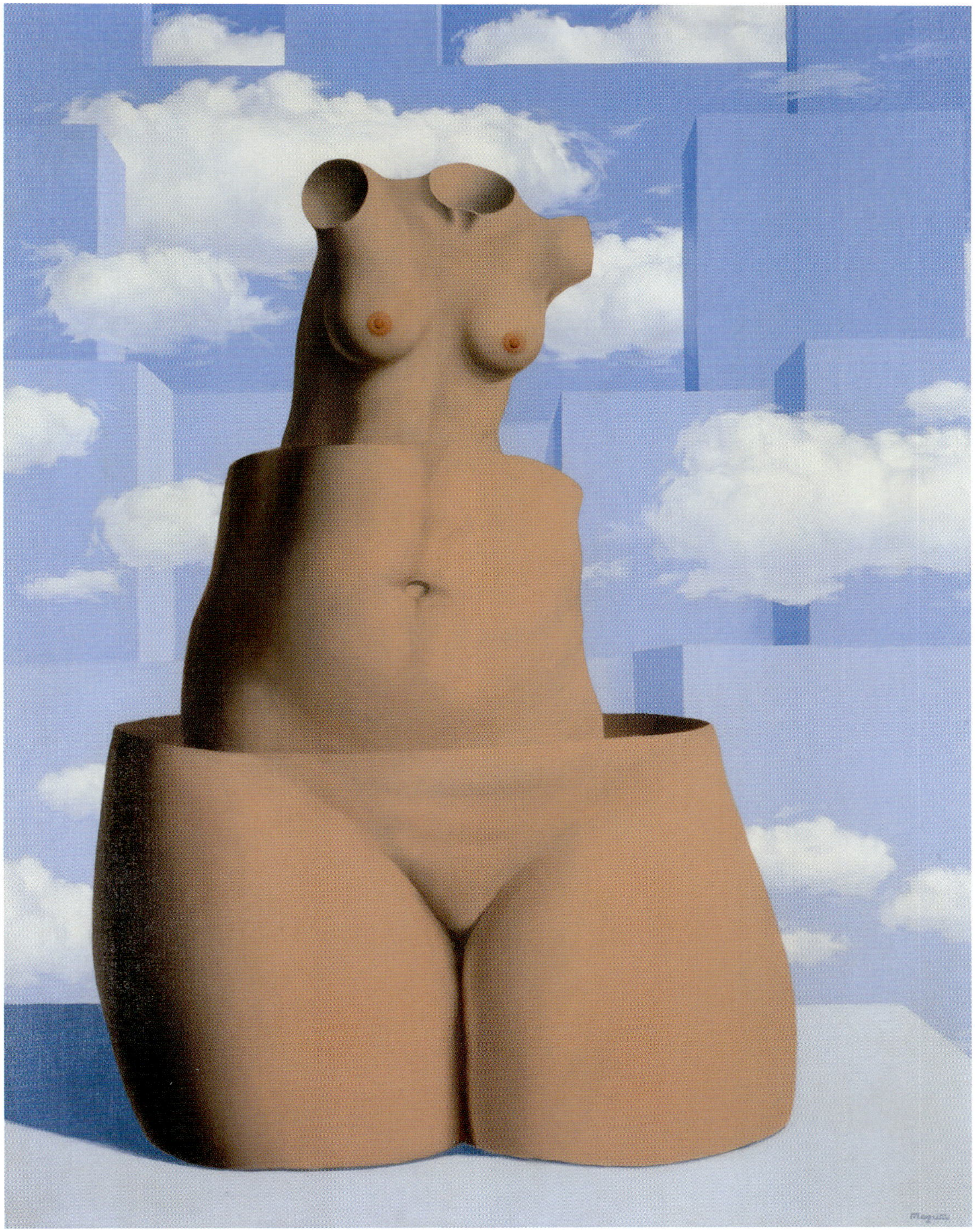

La Folie des grandeurs
[Megalomania], 1962
Huile sur toile, 100,3 × 81,3 cm
The Menil Collection, Houston

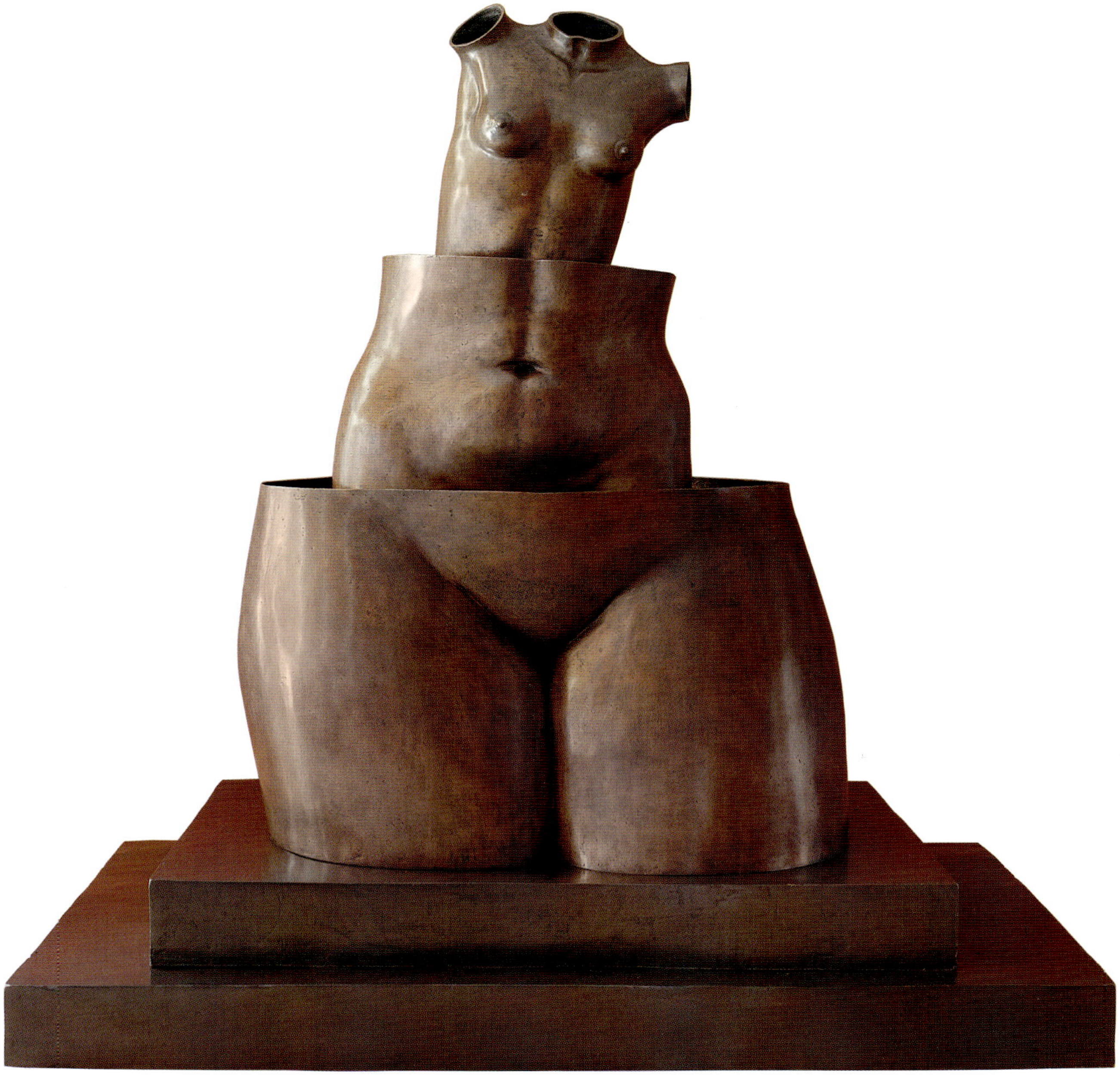

La Folie des grandeurs
(Megalomania)
[Megalomania], 1967
Bronze avec patine brun doré,
hauteur : 168,6 cm
Collection particulière, courtesy
Guggenheim, Asher Associates

« Ma peinture montre le monde qui me repayse. En résumé, c'est le monde où nous vivons sans les généralités qui le rendent dépaysant… »

"My painting shows the world with which I am familiar. In short, it is the world in which we live without the generalities that make it unfamiliar…"

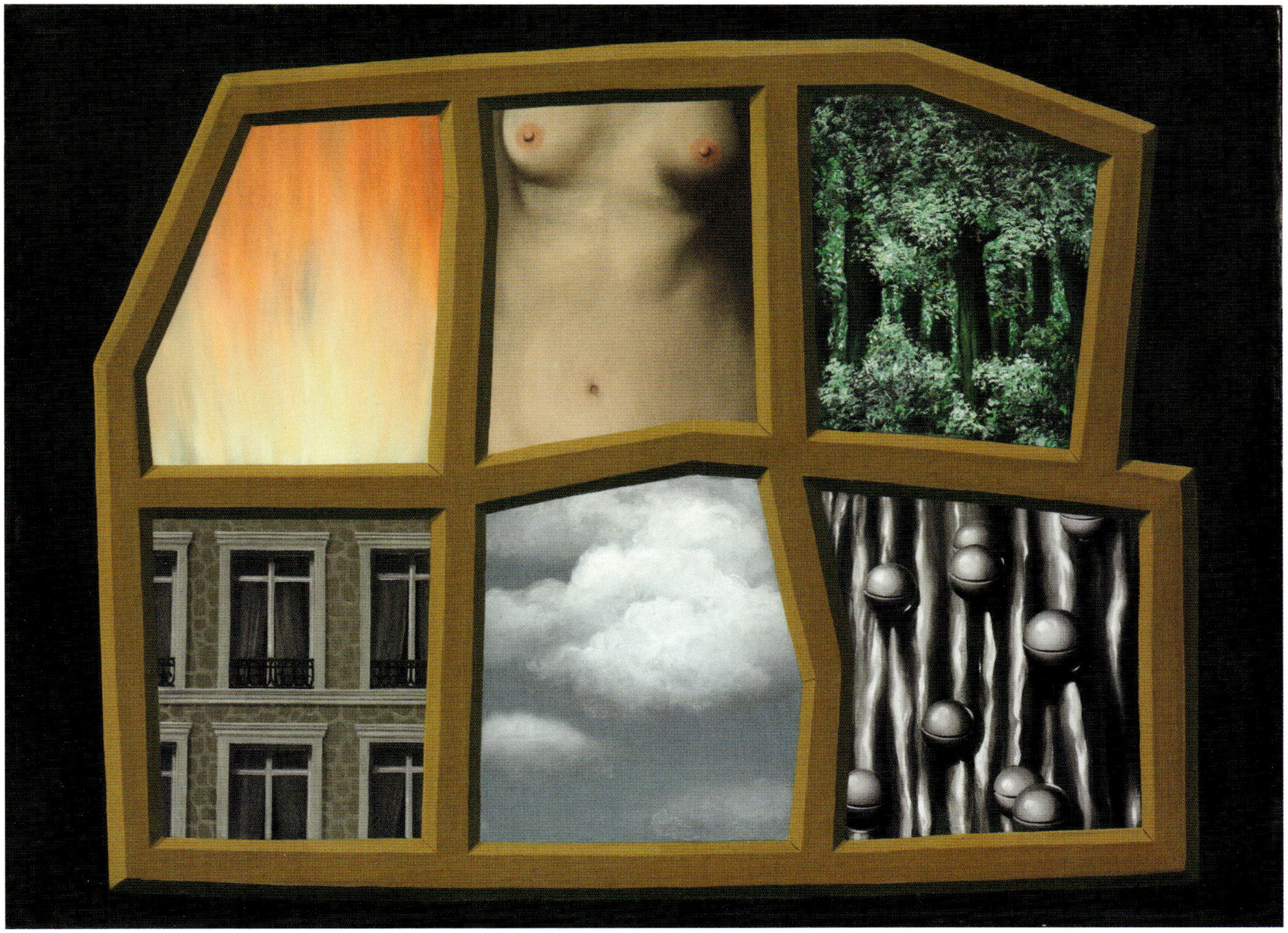

Les Six Éléments
[The Six Elements], 1929
Huile sur toile, 73 × 99,8 cm
Philadelphia Museum of Art.
The Louise and Walter Arensberg Collection, 1950

La subversion surréaliste et monstrueuse du corps humain encore appliquée au *Modèle rouge* (1933) a laissé place à un questionnement moderne sur le canon féminin et la beauté plastique. Le corps de Georgette Berger, l'épouse de Magritte, qui n'aura cessé d'être son principal modèle, est ici démantelé. Sacrifiant l'anecdote au profit d'une redéfinition du regard, le peintre élabore une nouvelle anatomie dont la fragmentation renchérit la puissance érotique et réaffirme le caractère artificiel de la création. Cette même réflexion a mené à l'élaboration de *La Folie des grandeurs*. La « folie » que dénonce Magritte se réfère à l'absurdité d'une beauté définie depuis l'Antiquité par des normes. *Les Marches de l'été* associent ainsi un fragment emprunté à la statuaire antique et un torse, tandis que Magritte applique avec ironie ce même système de proportions au paysage découpé en cubes réguliers.

The Surrealist, monstrous subversion of the human body applied once again in *The Red Model* (1933) paved the way for a modern reassessment of the female canon and plastic beauty. Here the body of Georgette Berger, Magritte's wife and lifelong model, has been dismantled. By sacrificing the narrative in favour of a redefinition of the gaze, the painter succeeded in honing a new anatomy, reinforcing its erotic impact and reasserting the artificial nature of the creation through fragmentation. The same reflection underpinned *Megalomania*. The "madness" condemned by Magritte stemmed from the absurdity of a form of beauty that had been defined by norms since Antiquity. *The Marches of Summer* therefore associates a fragment borrowed from ancient statuary and a bust, which Magritte ironically revisits by applying the same system of proportion to his landscape, etched out in regular cubes.

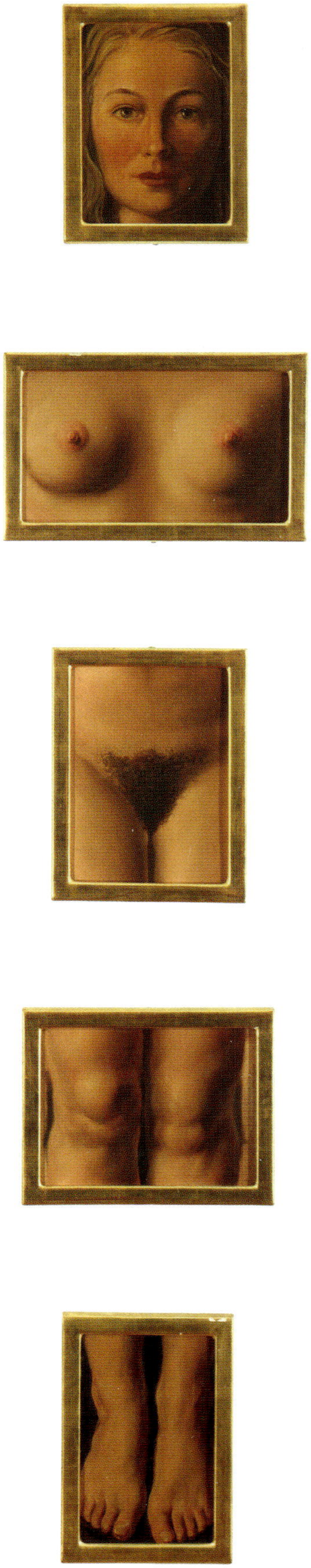

L'Évidence éternelle
[The Eternally Obvious], 1948
Huiles sur toile montées sur carton,
198,1 × 61 × 3,5 cm
The Metropolitan Museum of Art,
The Pierre and Maria Gaetana Matisse
Collection, 2002

Les Marches de l'été
[The Marches of Summer], 1938
Huile sur toile, 60 × 73 cm
Musée national d'art moderne, Centre
Pompidou, Paris. Achat, 1991. AM 1991-138

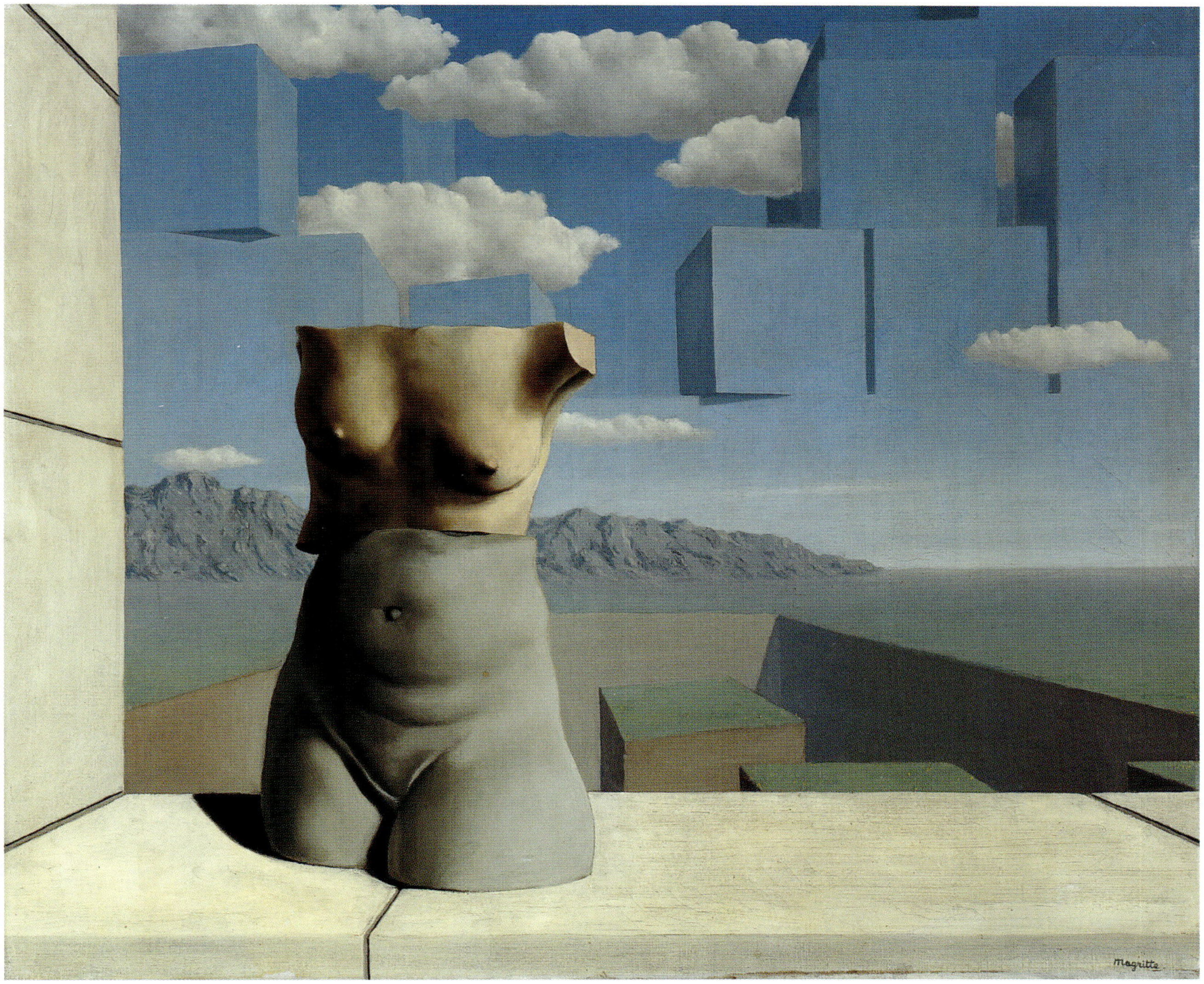

Chronologie

1898 Le 21 novembre, René-François-Ghislain Magritte naît à Lessines, dans le Hainaut (Belgique). Son père, Léopold, est marchand-tailleur ; sa mère, Régina, exerçait avant son mariage le métier de modiste.

1910-1912 Magritte reçoit ses premières leçons de peinture à l'école d'art municipale de Châtelet.

Le corps de sa mère est retrouvé dans la Sambre, un drame que Magritte taira sa vie durant.

1913 À la foire de Charleroi, Magritte fait la connaissance de celle qui deviendra son épouse, Georgette Berger. Ils se côtoient régulièrement durant leur année scolaire.

1915-1917 Magritte peint ses premières œuvres de facture impressionniste. À l'Académie des beaux-arts de Bruxelles, il suit les cours de Gisbert Combaz, Emile Van Damme-Sylva et Constant Montald.

1918 La famille s'installe à Bruxelles. Magritte commence son activité d'affichiste ; sa première publicité pour le pot-au-feu Derbaix est éditée.

1919-1921 Il rencontre le poète Pierre Bourgeois, le peintre Pierre-Louis Flouquet et le pianiste et écrivain E.L.T. Mesens. Il découvre le cubisme et l'orphisme, qui influencent temporairement son travail.

1922-1923 Magritte épouse Georgette Berger. Pour subvenir aux besoins du foyer, il travaille comme dessinateur dans l'usine de papiers peints Peters Lacroix à Haren, sous la direction de l'artiste Victor Servranckx. Ensemble, ils rédigent un manifeste, « L'Art pur. Défense de l'esthétique », qui ne sera jamais publié.

1924-1925 Magritte gagne désormais sa vie en réalisant des dessins publicitaires – ces « travaux imbéciles » – pour la maison de couture belge Norine, le fourreur Samuel, la chanteuse Primevère...

> *L'art appliqué tue l'art pur. [...] pour vivre, beaucoup d'artistes dépensent le meilleur de leur temps, s'anémient à la production d'objets d'art appliqué qui se vendent à grande échelle. Ces œuvres médiocres rassasient médiocrement le besoin esthétique de l'humanité, qui se désintéresse, de ce fait, des productions d'art pur de ces mêmes artistes, à tel point qu'elles sont invendables. L'artiste doit pouvoir vivre du produit de son travail.*
>
> ▸ René Magritte, « L'Art pur. Défense de l'esthétique », dans *Écrits complets*, édition établie et annotée par André Blavier, Paris, Flammarion, 2009, p. 18.

Magritte et Mesens se rapprochent du groupe Dada, et en particulier de Francis Picabia. Ensemble, ils publient les revues *Période*, *Œsophage* puis *Marie*.

Des « Aphorismes » de Magritte paraissent dans la revue *391* dirigée par Picabia.

Magritte rencontre le poète Paul Nougé, qui devient son ami intime, de même que les poètes Camille Goemans et Marcel Lecomte.

Une reproduction du *Chant d'amour* (1914) de Giorgio De Chirico bouleverse Magritte et remet en question sa conception de la peinture.

Lassé de l'esthétique abstraite de ses toiles, il se lance dans une voie nouvelle, qui consiste à réinterroger le monde qui l'entoure pour produire des images poétiques. Il découvre la poésie et la littérature surréalistes.

> *J'ai compris que j'avais enfin trouvé ce qu'il fallait peindre et je m'y suis tenu. Ma peinture n'a plus changé d'orientation.*
>
> ▸ R. Magritte, entretien avec Claude Vial, 1966 : http://www.estebanhe.com/tantot/magritte.html

1926 Nougé rassemble le groupe surréaliste belge autour de Goemans, Magritte, Mesens et du compositeur André Souris.

1927 En avril-mai, se tient la première exposition personnelle de Magritte à la Galerie Le Centaure, à Bruxelles.

Le premier article important sur son œuvre paraît : « René Magritte, peintre de la pensée abstraite » par Paul-Gustave Van Hecke et Nougé.

Magritte et Georgette s'installent en France au Perreux-sur-Marne, où ils fréquentent régulièrement le groupe surréaliste parisien. Goemans déménage également à Paris et y ouvre une galerie qui prend en charge la commercialisation de son œuvre.

1929-1931 Dalí invite le couple Magritte à passer l'été à Cadaqués, en Espagne, en compagnie de Paul Eluard et de Gala.

Magritte publie son essai manifeste, « Les mots et les images », dans le dernier numéro de *La Révolution surréaliste*. Y paraît également un photomontage rassemblant les portraits des surréalistes, dont Magritte, autour de l'un de ses dessins, *Je ne vois pas la [femme] cachée dans la forêt*. À cette époque pourtant, ses relations avec André Breton se compliquent : le chef de file du mouvement reproche aux Magritte leur mode de vie bourgeois ; au cours d'un dîner, une dispute éclate.

> *Au (même) dîner nous retrouvons Magritte et sa femme, le repas commence dans une atmosphère assez morose. Pour une raison inexplicable Breton garde le nez dans son assiette, les sourcils froncés et ne parle que par monosyllabes. Nous nous demandons ce qui ne va pas quand soudain, n'y tenant plus, il désigne du doigt une petite croix que la femme de Magritte porte autour du cou, accrochée à une chaîne en or, et déclare hautement qu'il s'agit là d'une provocation intolérable et qu'elle aurait pu mettre autre chose pour venir dîner chez lui. Magritte prend le parti de sa femme et riposte.*
>
> ▸ Luis Buñuel, *Mon dernier soupir*, Paris, Robert Laffont, 1982.

Cette querelle et la crise économique qui met fin aux contrats passés avec la Galerie Goemans encouragent les Magritte à rentrer à Bruxelles ; ils y fréquentent à nouveaux les surréalistes belges ainsi que les poètes Louis Scutenaire, Paul Colinet et Marcel Mariën.

> *Après une bonne nuit de sommeil, ce qu'il appréciait fort, Magritte prenait un aimable petit déjeuner, qu'il se préparait parfois lui-même, car il aimait faire bonne chère et ne répugnait pas à prêter la main aux travaux ménagers.*
>
> *Vers les 9 ou 10 h, traînant la savate comme le forçat le boulet, avec une petite moue dégoûtée qu'il arborait volontiers, il soupirait : « On va œuvrer », s'installait dans un coin de la cuisine quand il était pauvre, dans un coin du boudoir de sa femme quand il ne l'était plus.*
>
> *Et avec un minimum d'attirail, en costume de tous les jours, méprisant le rituel d'artiste, il traçait au fusain sur la toile les lignes d'un tableau.*
>
> ▸ Louis Scutenaire, « René Magritte comme je l'ai connu », *Le Soir*, 7 décembre 1978.

1932-1933 Magritte peint *Les Affinités électives*, qui transforme radicalement la nature de son œuvre : aux rencontres fortuites surréalistes, il substitue le rapprochement très logique d'un œuf prisonnier d'une cage.

> *Une nuit de 1936, je m'éveillai dans une chambre où l'on avait placé une cage et son oiseau endormi. Une magnifique erreur me fit voir dans la cage l'oiseau disparu et remplacé par un œuf. Je tenais là un nouveau secret poétique étonnant, car le choc que je ressentis était provoqué précisément par l'affinité de deux objets, la cage et l'œuf, alors que précédemment ce choc était provoqué par la rencontre d'objets étrangers entre eux.*
>
> ▸ R. Magritte, « La ligne de vie I », 1938, dans *Écrits complets*, *op. cit.*, p. 110.

1933-1943 Fort de cette nouvelle esthétique, Magritte augmente sa production et participe à de nombreuses expositions. Mariën prend en main la commercialisation de son œuvre. Malgré ses désaccords avec Breton, Magritte accepte d'illustrer la couverture de l'ouvrage *Qu'est-ce que le surréalisme ?*, et trois de ses toiles sont présentées à l'« Exposition surréaliste d'objets » à la Galerie Charles Ratton à Paris en 1936.

1938 Magritte donne sa conférence « La ligne de vie » au Musée royal des beaux-arts d'Anvers ; il y expose une démarche raisonnée et systématique employée à la résolution de « problèmes ».

Je recherchai, à partir de là, si d'autres objets que la cage pouvaient également me révéler – grâce à la mise en lumière d'un élément qui leur serait propre et qui leur serait rigoureusement prédestiné – la même poésie évidente que l'œuf et la cage avaient su produire par leur réunion. [...]

Comme ces recherches ne pouvaient donner pour chaque objet qu'une seule réponse exacte, mes investigations ressemblaient à la poursuite de la solution de problèmes dont j'avais trois données : l'objet, la chose attachée à lui dans l'ombre de ma conscience et la lumière où cette chose devait parvenir.

▸ R. Magritte, « La ligne de vie I », art. cité, p. 110.

1945 Magritte illustre *Les Chants de Maldoror* de Lautréamont.

Il adhère au parti communiste belge.

Nous avons cru, Nougé et moi, qu'il nous serait possible, de l'intérieur, d'infléchir l'orientation culturelle, artistique, de ce parti, dans un sens plus conforme à nos aspirations profondes. Nous avons donc participé aux réunions d'une section spécialisée dans les problèmes touchant les Beaux-Arts et les Lettres. Je dus très vite déchanter. [...] Nous avions affaire à des sourds. Deux ou trois projets d'affiches me furent demandés. Tous furent rejetés. Le conformisme était aussi patent dans ce milieu que dans les sphères les plus bornées de la bourgeoisie. Au bout de quelques mois, j'interrompis mes visites et je n'eus plus, dès lors, aucun rapport avec le parti. Il n'y eut ni exclusion ni rupture, mais, de ma part, désaffection totale, éloignement définitif...

▸ R. Magritte, [Magritte et le parti communiste], dans *Écrits complets*, *op. cit.*, p. 239.

1946 En avril paraissent des tracts subversifs anonymes écrits en collaboration par Magritte et Mariën : *L'Imbécile*, *L'Emmerdeur*, *L'Enculeur*. Ces deux derniers sont saisis par la police.

Bousquet, Magritte, Mariën, Michel, Nougé et Scutenaire signent *Le Surréalisme en plein soleil, manifeste n° 1*, publié en octobre. Ils opposent au tropisme ténébreux du surréalisme parisien, une forme nouvelle dominée par la lumière et la notion de « plaisir », inspirée par la peinture d'Auguste Renoir.

Pour ma part, j'ai enterré le surréalisme, mon surréalisme depuis quelque temps déjà, et à plus forte raison celui de Breton.

▸ R. Magritte, Lettre à Paul Nougé, septembre 1946.

Un certain surréalisme prétend apprivoiser l'inconnu. Tout comme une philosophie, il ne se soucie plus de connaître le monde et oublie de le transformer [...]. Ce surréalisme n'est plus pratiqué à présent que par des petits malins, des gens naïfs ou fatigués et des commerçants « à la page ». [...]

Cependant l'expérience continue en plein soleil.

▸ *Le Surréalisme en plein soleil, manifeste n° 1*, 1946, dans *Écrits complets*, *op. cit.*, p. 210.

La réaction hostile d'André Breton affecte à nouveau leur relation.

1948 En mai-juin, Magritte expose à la Galerie du Faubourg à Paris des toiles d'un tout nouveau style dit « vache », accompagnées d'un texte de Scutenaire en argot, « Les pieds dans l'plat ». L'événement consterne les surréalistes parisiens et provoque leur colère, mais aussi celle des plus proches amis de Magritte.

*Et un soir Mag a trouvé le truc qui fait pièce.
Vous aurez beau chipoter vos orchidées, chauler le cabanon, brasser l'eau à bran, vous irriter l'ulcère, faire les rossignols amoureux, vous foutre le trait dans l'abs et l'atif sur la figure, passer vos camisoles de force à la benzine, fourbir les rêves au tripojus, vous en avez plein le caleçon et plus rien à faire pour nous en mettre. Hop !
On veut pas vous faire du mal, notez dépayser, vous effrayer, c'est pour ça qu'on vous cause nègre américain comme vous êtes habitués [...].*

▸ L. Scutenaire, « Les pieds dans l'plat », dans *Magritte. Peintures et gouaches*, cat. exp., Paris, Galerie du Faubourg, 1948.

1951-1954 Le philosophe belge Alphonse De Waelhens publie une série d'articles intitulés « L'Existentialisme » dans *Micro-Magazine*. Après avoir lu *Phénoménologie et vérité. Essai sur l'évolution de l'idée de vérité chez Husserl et Heidegger*, Magritte débute avec lui une correspondance suivie. Il suit ses conseils de lecture avec assiduité, et découvre ainsi la pensée de Maurice Merleau-Ponty.

[...] Quant à la question de « l'art », l'impression que je dois vous donner de parler de questions philosophiques d'une manière « extérieure » sans doute, je vous avoue l'éprouver quand les philosophes envisagent cette question. Il s'agit toujours de l'art « scolairement » compris, comme si dans ce domaine la liberté de l'esprit ne pouvait bouleverser l'esthétique « organisée » par nécessité d'en sortir et de faire servir les moyens artistiques à des fins moins dérisoires que celles que l'on connaît.

▸ R. Magritte, Lettre à Alphonse De Waelhens, 5 février 1954.

1954 À l'initiative de Mesens, une exposition des « peintures-mots » est organisée à la Sidney Janis Gallery de New York. Jasper Johns, Roy Lichtenstein, Robert Rauschenberg et Andy Warhol acquièrent des œuvres de Magritte.

En mai, les Musées royaux des beaux-arts de Bruxelles offrent au peintre sa première rétrospective.

1956 En mars, le XXXe Salon du Cercle artistique et littéraire de Charleroi propose une rétrospective Magritte.

Le peintre obtient la commande d'une seconde peinture murale pour la salle des congrès au Musée des beaux-arts de Charleroi pour laquelle il réalise *La Fée ignorante*.

Magritte achète une caméra et réalise plusieurs courts-métrages dans lesquels il met en scène ses amis.

Un contrat d'exclusivité est passé avec le galeriste Alexandre Iolas.

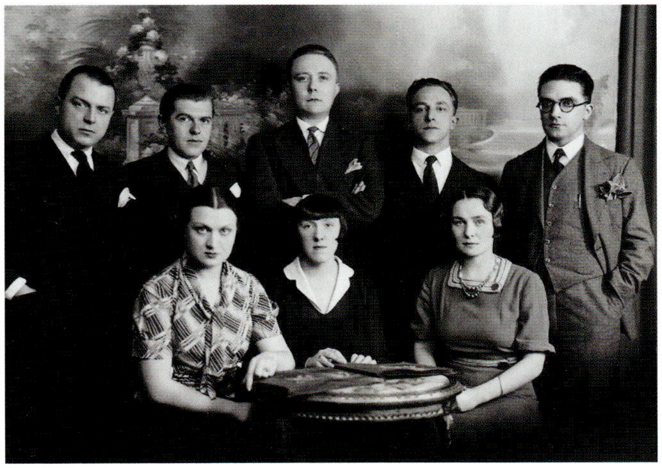

Joseph Rentmeesters
Le Rendez-Vous de chasse (le groupe surréaliste belge), 1934
[The Hunting Party (The Belgian Surrealist group)]
(debout : E. L. T. Mesens, René Magritte, Louis Scutenaire, André Souris, Paul Nougé ; assises : Irène Hanoir, Marthe Nougé, Georgette Magritte)
Collection particulière

1959 En mars, deux expositions sont organisées à New York, à la Alexandre Iolas Gallery et à la Bodley Gallery. Marcel Duchamp est invité par Magritte à rédiger le texte d'introduction des cartons d'invitation, mais, sévère, il ironise sur la place acquise par Magritte sur le marché de l'art :

Des Magritte en cher, en hausse, en noir et en c uleurs [sic].

1962 Magritte fait la connaissance du philosophe Chaïm Perelman, enseignant à l'Université libre de Bruxelles. Comme auprès de De Waehlens, Magritte cherche chez son interlocuteur la reconnaissance de son art.

1966 -1967 Michel Foucault publie *Les Mots et les Choses*. Interpellé par ce titre qui évoque si clairement ses propres préoccupations, Magritte entame une correspondance avec lui.

Iolas propose à Magritte de traduire en sculpture huit de ses toiles. Celui-ci en réalise les cires au cours d'un séjour en Italie en compagnie de Scutenaire et de sa compagne Irène Hamoir.

Magritte s'éteint à Bruxelles le 15 août 1967, alors que se tient une rétrospective de son œuvre au Museum Boijmans Van Beuningen de Rotterdam.

1973 Michel Foucault publie *Ceci n'est pas une pipe*, hommage posthume au « peintre-philosophe ».

Chronology

1898 René-François-Ghislain Magritte is born on 21 November in Lessines, in the province of Hainaut (Belgium). His father Léopold is a merchant tailor; his mother, Régina, worked as a milliner before her marriage.

1910–1912 Magritte takes his first painting lessons at the local school of art in Châtelet. His mother's body is found in the River Sambre. For the rest of his life, Magritte avoids any reference to this dramatic event.

1913 Magritte meets his future wife, Georgette Berger, at Charleroi Fair. They continue seeing one another regularly throughout the academic year.

1915–1917 Magritte paints his first works in the Impressionist vein. At the Académie des Beaux-Arts in Brussels, he attends courses by Gisbert Combaz, Emile Van Damme-Sylva and Constant Montald.

1918 The family moves to Brussels. Magritte begins work as a poster designer; his first advertisement for Derbaix beef stock is published.

1919–1921 He meets poet Pierre Bourgeois, painter Pierre-Louis Flouquet and pianist and writer E. L. T. Mesens. He discovers Cubism and Orphism, which briefly influence his work.

1922–1923 Magritte marries Georgette Berger. His new responsibilities lead him to earn a living as a draughtsman in the wallpaper factory Peters Lacroix in Haren, under the aegis of artist Victor Servranckx. Together they draw up a manifesto entitled "Pure Art. A Defence of Aesthetics", which remains unpublished.

1924–1925 Magritte designs advertisements – which he regards as "idiotic work" – for the Belgian fashion house Norine, the furrier Samuel and the singer Primevère...

Applied art destroys pure art. [...] in order to earn a living, many artists devote much of their valuable time and wear themselves out producing objects of applied art, which are then marketed on a huge scale. These mediocre works provide mediocre sustenance for the aesthetic needs of humanity, which consequently turns its back on the creations of pure art produced by these same artists, to such an extent that they become impossible to sell. The artist should be able to live on the fruits of his labour.

▸ René Magritte, "L'Art pur. Défense de l'esthétique" [Pure Art. A Defence of Aesthetics], in *Écrits complets* [Collected Writings], André Blavier (ed.), Paris, Flammarion, 2009, p. 18.

Magritte and Mesens become linked to the Dada movement, and to Francis Picabia in particular. Together they publish the reviews *Période*, *Œsophage* and later *Marie*.

Magritte's "Aphorisms" appear in *391*, a journal edited by Picabia.

Magritte meets the poet Paul Nougé, who becomes a close friend, together with the poets Camille Goemans and Marcel Lecomte.

Magritte is overwhelmed by a reproduction of Giorgio de Chirico's *The Song of Love* (1914), which leads him to reconsider his whole conception of painting.

Bored by the abstract aesthetic of his canvases, he treads new ground, taking a new slant on the world around him by producing poetic images. He discovers Surrealist poetry and literature.

I realised that at long last I had discovered what I should paint and I stuck to it. Since then, my painting has never changed direction.

▸ R. Magritte, interview with Claude Vial, 1966: http://www.estebanhe.com/tantot/magritte.html

1926 Nougé draws together a group of Belgian Surrealists, featuring Goemans, Magritte, Mesens and the composer André Souris.

1927 Magritte's first solo exhibition, at the Galerie Le Centaure, in Brussels, is held in April/May.

Publication of the first significant article on his work: "René Magritte, painter of abstract thought", by Paul-Gustave Van Hecke and Nougé.

Magritte and Georgette settle in France, in Le Perreux-sur-Marne, regularly mixing with the Parisian Surrealists. Goemans also moves to Paris and opens a gallery to handle sales of Magritte's works.

1929–1931 Dalí invites the Magrittes to spend the summer with him in Cadaqués, Spain, alongside Paul Eluard and Gala.

Magritte publishes his manifesto essay, "Words and Images", in the final issue of *La Révolution surréaliste*. The review also includes a photomontage featuring portraits of the Surrealists, including Magritte, around one of his drawings, *I Do Not See the [Woman] Hidden in the Forest*. At the time, however, his relationship with André Breton was actually deteriorating, as the leader of the movement was highly critical of the Magritte's bourgeois lifestyle. Things came to a head one evening over dinner:

Magritte and his wife were guests at (the same) dinner and as we began the meal the atmosphere seemed somewhat gloomy. For some inexplicable reason, Breton kept his nose stuck in his plate, frowning and only speaking in monosyllables. We were wondering what was wrong when all of a sudden, unable to contain himself any longer, he pointed to a small crucifix Magritte's wife had hung around her neck, attached to a gold chain, and haughtily proclaimed that this was an intolerable provocation and that she should have chosen to wear something else when invited to one of his dinners. Magritte took his wife's side and retaliated.

▸ Luis Buñuel, *Mon dernier soupir* [My Last Sigh], Paris, Robert Laffont, 1982.

This quarrel and the repercussions of the financial crisis, which put an end to the contracts drawn up with the Galerie Goemans, encourage the Magrittes to return to Brussels; they renew their relationship with the Belgian Surrealists as well as the poets Louis Scutenaire, Paul Colinet and Marcel Mariën.

After a good night's sleep, which mattered a great deal to him, Magritte would partake of a leisurely breakfast, which he occasionally prepared himself, as he enjoyed his food and was never averse to lending a hand with household duties.

About 9 or 10 a.m., dragging his heels as a prisoner drags his chains, wearing a disgusted expression of which he was particularly fond, he would sigh "Off to work", and settle down in a corner of the kitchen when he was poor, and in a corner of his wife's sitting-room when he had fallen on better days.

And with minimal equipment, in his everyday garments, contemptuous of the artist's ritual, he would begin outlining a charcoal drawing on the canvas.

▸ Louis Scutenaire, "René Magritte comme je l'ai connu" [René Magritte As I Knew Him], *Le Soir*, 7 December 1978.

1932–1933 Magritte paints *Elective Affinities*, which represents a radical turning point in his oeuvre – here the fortuitous nature of Surrealist encounters is replaced by the entirely logical analogy of an egg imprisoned in a cage.

One night in 1936, I woke up in a room containing a cage with a sleeping bird. A magnificent error gave me the impression that the bird had disappeared, to be replaced by an egg. Within my grasp was a new and astonishing poetic secret, for the shock I experienced was triggered precisely by the affinity between these two objects, the cage and the egg, whereas until that point the shock had been triggered by the encounter of unrelated objects.

▸ R. Magritte, "La ligne de vie I" [Lifeline I], in *Écrits complets* [Collected Writings], *op. cit.*, p. 110.

1933–1943 Driven by this new aesthetic, Magritte increases his output and takes part in numerous exhibitions. Mariën takes over the marketing of his works. Despite his disagreements with Breton, Magritte agrees to illustrate the front cover of the work entitled *What Is Surrealism?* and in 1936 three of his canvases are featured in the "Surrealist Exhibition of Objects" at the Galerie Charles Ratton in Paris.

1938 Magritte delivers his lecture "Lifeline" at the Musée Royal des Beaux-Arts in Antwerp; it sets out a reasoned, systematic approach, aimed at solving 'problems'.

From that starting point, I tried to see if other objects apart from the cage could reveal – by highlighting an element that belonged purely to them and was specifically predestined for them – the same self-evident poetry as that achieved by the egg and cage as a result of their encounter. [...]
As this line of research could only provide a single precise answer for each object, my investigations seemed to be seeking a solution to problems epitomised by three elements: the object itself, the thing that was attached to it in the light shadows of my conscience and the light that would ultimately illumine that thing.

▸ R. Magritte, "La ligne de vie I" [Lifeline I], in *Écrits complets* [Collected Writings], *op. cit.*, p. 110.

1945 Magritte illustrates Lautréamont's *The Songs of Maldoror*.
He joins the Belgian Communist Party.

Nougé and I both believed that it would be possible for us to inflect the cultural and artistic orientation of the Party so that it became more compatible with our deep-rooted aspirations. We therefore took part in meetings of a section that specialised in issues connected with Literature and Fine Arts. I rapidly became disillusioned [...] We had fallen on deaf ears. I was asked to work on two or three poster designs. They were all rejected. There was just as much patent conformity in that environment as in the most narrow-minded spheres of the bourgeoisie. After a few months, I gave up attending and from that moment on had no more dealings with the Party. There was no question of an exclusion or split, in my case it was simply due to complete disinterest and an irrevocable parting of the ways...

▸ R. Magritte, [Magritte et le parti communiste] [Magritte and the Communist Party], in *Écrits complets* [Collected Writings], *op. cit.*, p. 239.

1946 In April, a number of anonymous subversive tracts, a collaborative effort by Magritte and Mariën, are published under the graphic titles *L'Imbécile*, *L'Emmerdeur* and *L'Enculeur*. The latter two are seized by the police. In October, Bousquet, Magritte, Mariën, Michel, Nougé and Scutenaire publish *Surrealism in Full Sunlight, Manifesto no. 1*. It contrasts the gloomy tropism of Parisian Surrealism with a new expression, characterised by light and the notion of "pleasure" and inspired by the paintings of Auguste Renoir.

For my part, I buried Surrealism, the Surrealism that had been mine for quite some time, and even more so Breton's.

▸ R. Magritte, Letter to Paul Nougé, September 1946.

A certain kind of Surrealism claims to tame the unknown. Like a philosophy, it no longer bothers about getting to know the world and forgets to transform it [...]. Nowadays this Surrealism is simply the preserve of smart alecs, naïve or weary people and 'trendy' traders. [...]
The experiment, however, is being pursued in full sunlight.

▸ *Le Surréalisme en plein soleil, manifeste n° 1* [Surrealism in Full Sunlight, Manifesto no. 1], in *Écrits complets* [Collected Writings], *op. cit.*, p. 210.

André Breton's hostile reaction strains their relationship once again.

1948 In May-June, at the Galerie du Faubourg in Paris, Magritte shows a number of canvases in a completely new style known as *vache*, which means both "cow" and "mean" in French. They are accompanied by a text written in slang by Scutenaire entitled "Les pieds dans l'plat". The event appals and angers the Parisian Surrealists but also Magritte's closest friends.

1951-1954 The Belgian philosopher Alphonse De Waelhens publishes a series of articles entitled "Existentialism" in *Micro-Magazine*. Having read *Phenomenology and Truth. An Essay on the Evolution of the Idea of Truth in Husserl and Heidegger*, Magritte begins a prolific correspondence with him. He assiduously follows the philosopher's recommendations on what he should read, and thereby discovers the writings of Maurice Merleau-Ponty.

[...] As for the question of 'art', the impression I must give of discussing philosophical questions from a seemingly 'external' standpoint stems, I admit, from what I feel when philosophers tackle this question. It always seems to revolve around art in its 'didactic' sense, as though the realm precluded freedom of spirit from overturning 'organised' aesthetics in its need to break free, calling on artistic processes to achieve less futile aims than those with which we are already familiar.

▸ R. Magritte, Letter to Alphonse De Waelhens, 5 February 1954.

1954 At the instigation of Mesens, an exhibition of "word-paintings" is held at the Sidney Janis Gallery in New York. Jasper Johns, Roy Lichtenstein, Robert Rauschenberg and Andy Warhol all purchase works by Magritte. In May, the Musées Royaux des Beaux-Arts in Brussels offer the painter his first retrospective.

1956 In March, the 30th Salon du Cercle Artistique et Littéraire in Charleroi launches a Magritte retrospective.
The artist is commissioned to paint a second mural for the convention hall of the Musée des Beaux-Arts in Charleroi, and produces *The Ignorant Fairy*.
Magritte buys a camera and produces several short films featuring his friends.
An exclusive contract is drawn up with art dealer Alexander Iolas.

1959 In March, two exhibitions are held in New York, at the Alexander Iolas Gallery and the Bodley Gallery. Magritte asks Marcel Duchamp to write the preface to the invitations but the result turns out to be a scathing pun on Magritte's place in the art market.

1962 Magritte gets to know the philosopher Chaïm Perelman, a professor at the Free University of Brussels. As with De Waehlens, Magritte hopes to find in him a recognition of his art.

1966–1967 Michel Foucault publishes *The Order of Things*. Magritte is struck by the title, which reflects so clearly his own preoccupations, and begins to correspond with him. Iolas suggests converting eight of his canvases into sculptures. Magritte creates the wax moulds during a trip to Italy with Scutenaire and his partner Irène Hamoir.
Magritte dies on 15 August 1967, in Brussels. His death coincides with a retrospective of his oeuvre at the Museum Boijmans Van Beuningen in Rotterdam.

1973 Michel Foucault publishes *This Is Not a Pipe*, a posthumous tribute to the "painter-philosopher".

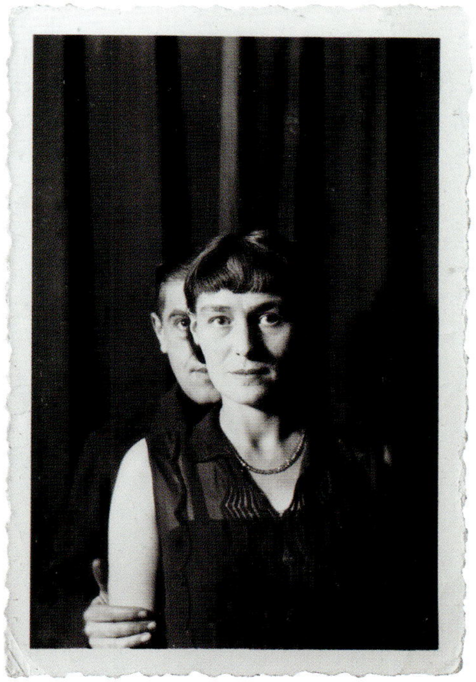

L'Ombre et son ombre
[The Shadow and Its Shadow], Bruxelles, 1932
(René et Georgette Magritte)
Photographie en noir et blanc, 9 × 6,3 cm
Collection particulière

Centre national d'art et de culture Georges Pompidou

Exposition/Exhibition

Commissaire/Curator
Didier Ottinger

Chargée de recherches et coordination/
Exhibition Coordinator and Curatorial Assistant
Marie Sarré

Chargé de production/Production
Cathy Gicquel

Architecte-scénographe/
Architect and Scenographer
Camille Excoffon

Album

Album réalisé à l'occasion de l'exposition «Magritte. La trahison des images» présentée à/
Album published to coincide with the exhibition "Magritte. La trahison des images" held in
Paris, Centre Pompidou, Musée national d'art moderne, Galerie 2, du 21 septembre 2016 au 23 janvier 2017
Francfort, Schirn Kunsthalle Frankfurt, du 10 février au 5 juin 2017

Direction d'ouvrage et textes/Editor and Texts
Marie Sarré, Marion Diez

Relecture/Copy Editors
Marion Diez, Amarante Szidon

Graphisme/Graphic Design
Prototype

Droits de reproduction/Rights
Mai-Lise Benedic

Traduction anglaise (citations incluses)/
English translation (including quotations)
Caroline Taylor-Bouché

Fabrication/Production
Martial Lhuillery

Direction des Éditions/ Publications Department

Directeur/Director
Nicolas Roche

Chef du service éditorial/
Head of Publishing
Claire de Cointet

Responsable du pôle éditorial/
Editorial Manager
Françoise Marquet

Chef du service commercial/
Sales Manager
Marie-Sandrine Cadudal

Responsable du pôle ventes et stock/
Dispatch and Stock Control
Josiane Peperty

Service iconographique et gestion des droits/
Image and Rights Management
Claudine Guillon

Gestion administrative et financière/
Administrative and Financial Management
Responsable des procédures juridiques et du contrôle budgétaire/
Head of legal procedures and budgetary control
Thomas Reby

Responsable du pôle recettes et contrats/
Receipts and Contracts
Matthias Battestini

Sources des citations de René Magritte/Sources of René Magritte's quotes

En quatrième de couverture: [Interview Claude Vial], 6 juillet 1966, dans *Écrits complets* (*É. C.*), édition établie et annotée par André Blavier, Paris, Flammarion, 2009 (1re édition 1979), p. 643. ▸ **Dans les textes de présentation: p. 3** [Sur les titres], dans *É. C.*, p. 260. ▸ **p. 6** [Sur les titres], dans *É. C.*, p. 259. ▸ **p. 10** «La leçon de choses», octobre 1952, dans *É. C.*, p. 335. «La ligne de vie», 1938, dans *É. C.*, p. 111. ▸ **p. 16** [Interviews Quievreux], avril 1947, dans *É. C.*, p. 250. ▸ **p. 19** «Paroles datées», 15 mars 1956, dans *É. C.*, p. 435. ▸ **p. 22** «Vous», fin 1926-1927, dans *É. C.*, p. 37. ▸ **p. 26** [Sur les titres], dans *É. C.*, p. 260. ▸ **p. 29** «Jan Walravens: *Rencontre avec Magritte*», novembre 1962, dans *É. C.*, p. 537. ▸ **p. 30** [Interview Pierre Mazars], 19 novembre 1964, dans *É. C.*, p. 599. ▸ **p. 34** «Jan Walravens: *Rencontre avec Magritte*», novembre 1962, dans *É. C.*, p. 537. ▸ **p. 43** [Interview Pierre Mazars], 19 novembre 1964, dans *É. C.*, p. 599. ▸ **p. 44** [Discours de réception à l'Académie Picard], 1957, dans *É. C.*, p. 441. ▸ **p. 48** «Jan Walravens: *Rencontre avec Magritte*», novembre 1962, dans *É. C.*, p. 537. ▸ **p. 53** [Interview Michèle Coraine], 17 août 1967, dans *É. C.*, p. 691.

Œuvre en couverture: *Les Vacances de Hegel* [Hegel's Holiday], 1958
Huile sur toile, 60 × 50 cm. Collection particulière

Œuvre en quatrième de couverture: *Éloge de la dialectique* [In Praise of the Dialectic], 1937
Huile sur toile, 65,5 × 54 cm. National Gallery of Victoria, Melbourne, Australie. Felton Bequest, 1971

Crédits photographiques/Photographic credits

L'exposition «Magritte. La trahison des images» a été réalisée avec le soutien de:

Grand mécène du Centre Pompidou

Grand mécène du Centre Pompidou

et de:

Nous exprimons notre gratitude envers
Monsieur Laurent Burelle,
Président-Directeur Général de la Compagnie Plastic Omnium,
Monsieur Philippe Monloubou,
Président du Directoire d'Enedis,
et envers Monsieur Jean-Marc Loubier,
Président de la maison Delvaux,
pour avoir engagé leur entreprise à nos côtés.

ISBN: 978-2-84426-732-0
N° d'éditeur/Publisher Number: 1605
Dépôt légal/Copyright Registration: septembre 2016/September 2016

Photogravure/Photoengraving: ARCIEL Graphic, Paris
Achevé d'imprimer en août 2016/
First printed in August 2016
sur les presses de l'imprimerie INGOPRINT à Barcelone.
Imprimé en Espagne/Printed in Spain.